Jörg Krampe/Rolf Mittelmann

Lesespiele
Sätze lesen und verstehen

40 Kopiervorlagen

Auer Verlag GmbH

Gedruckt auf umweltbewusst gefertigtem, chlorfrei gebleichtem
und alterungsbeständigem Papier.

1. Auflage. 2007
© by Auer Verlag GmbH, Donauwörth
Alle Rechte vorbehalten

Das Werk und seine Teile sind urheberrechtlich geschützt. Jede Nutzung in anderen als den gesetzlich zugelassenen Fällen bedarf der vorherigen Einwilligung des Verlages. Hinweis zu § 52 a UrhG: Weder das Werk noch seine Teile dürfen ohne eine solche Einwilligung eingescannt und in ein Netzwerk eingestellt werden. Dies gilt auch für Intranets von Schulen und sonstigen Bildungseinrichtungen.

Illustrationen: Marion El-Khalafawi, Horneburg
Satz: MouseDesign Medien AG, Zeven
Druck und Bindung: Franz X. Stückle, Ettenheim

ISBN 978-3-403-04709-4

www.auer-verlag.de

Inhalt

Nr.	Titel	Einfache Sätze / Wortzahl	Mehrgliedrige Sätze	Spielform	Seite
1	Babys	69		IRRGARTEN	7
2			101*	(WÖRTERSUCH-)RÄTSEL	9
3	Besuch	99		(WÖRTERSUCH-)RÄTSEL	11
4			119*	BILD AUS PUNKTEN	13
5	Fahrrad	55		GEHEIMSCHRIFT	15
6			99*	GEHEIMSCHRIFT	17
7	Gebirge	67		AUSMALEN	19
8			115*	PUZZLE	21
9	Haus	57		(STREIFEN-)DOMINO	23
10			129*	AUSMALEN	25
11	Kompass	88		(STREIFEN-)DOMINO	27
12			156*	(STREIFEN-)DOMINO	29
13	Krank	86		(WÖRTERSUCH-)RÄTSEL	31
14			116*	BILD AUS PUNKTEN	33
15	Märchen	92		GEHEIMSCHRIFT	35
16			156*	TEXTFELD	37
17	Pflanzen	71		AUSMALEN	39
18			154*	BILD AUS PUNKTEN	41
19	Pilze	63		GEHEIMSCHRIFT	43
20			99*	GEHEIMSCHRIFT	45
21	Rätselaufgaben	84		PUZZLE	47
22			162*	PUZZLE	49
23	Rätselfragen	94		(STREIFEN-)DOMINO	51
24			160*	(STREIFEN-)DOMINO	53
25	Schule	82		(WÖRTERSUCH-)RÄTSEL	55
26			104*	BILD AUS PUNKTEN	57
27	Sport und Spiel	99		PUZZLE	59
28			192*	PUZZLE	61
29	Strand	66		GEHEIMSCHRIFT	63
30			105*	BILD AUS PUNKTEN	65

Inhalt

Nr.	Titel	Einfache Sätze	Mehrgliedrige Sätze	Spielform	Seite
		Wortzahl			
31	Tiere in Haus und Garten	57		AUSMALEN	67
32			146*	AUSMALEN	69
33	Tiere zu Hause	80		TEXTFELD	71
34	Tiere im Wasser		105*	PUZZLE	73
35	Wilde Tiere	52		BILD AUS PUNKTEN	75
36			137*	AUSMALEN	77
37	Zirkus	84		PUZZLE	79
38			111*	GEHEIMSCHRIFT	81
39	Zoo	90		AUSMALEN	83
40			126*	(STREIFEN-)DOMINO	85

* Diese Spiele sind zur Differenzierung gedacht. Sie enthalten längere Sätze (mit mehr Attributen oder mit Satzgefügen) und außerdem mehr Wörter und auch einen etwas höheren inhaltlichen Schwierigkeitsgrad.

Vorwort

Vielen Lehrerinnen, Lehrern und Eltern ist bekannt, dass Schüler/-innen oft nur unter großen Mühen lesen lernen. Daraus ergeben sich zahlreiche Schwierigkeiten in vielen Unterrichtsfächern, die auf Textverständnis angewiesen sind. Auch im Erwachsenenalter ist dieser Prozess bei manchen Menschen noch nicht abgeschlossen, was durch Lernstandserhebungen bestätigt wird.

Der Leseerwerb darf nicht bei der Technik des mechanischen Lesens stehen bleiben, sondern muss bis zum Textverständnis weiter geführt werden. Das Lesen und Verstehen ganzer und zum Teil mehrgliedriger Sätze ist auf diesem Weg eine notwendige Vorstufe, auch um dadurch die Freude am Lesen zu entwickeln.

Die vorliegenden **40 Lesespiele** tragen diesen Gesichtspunkten besonders Rechnung. Der Umfang der Spiele variiert **zwischen 50 und fast 200 Wörtern** und zwischen **einfachen Kurzsätzen und umfangreicheren Satzgefügen**, die sich jeweils auf ein Sachthema beschränken. Damit bieten sie verschiedene **Differenzierungsmöglichkeiten** je nach der individuellen Lesefähigkeit.

Entsprechend diesem Anliegen werden zu jedem Sachthema zwei Spiele angeboten: eines mit geringer Wörterzahl in einfachen Sätzen und das zweite umfangreicher und mit mehrgliedrigem Satzaufbau.

Durch die Verwendung bekannter Spielformen *(Ausmalen, Bilder aus Punkten, Dominos, Geheimschriften, Irrgarten, Puzzles, Textfelder, Wörtersuchspiele)* erwecken die Übungen die Neugier der Kinder. Das Bestreben, Unvollständiges zu vervollständigen, Ungeordnetes zu ordnen, einfache Rätsel zu lösen und Wissen zu erweitern sind eine starke Motivation, die Satzinhalte zu erschließen.

Alle Spiele ermöglichen **Selbstkontrolle** und eignen sich damit in hervorragender Weise - über den normalen Unterricht hinaus - für den Einsatz bei *innerer Differenzierung, im Förderunterricht, in Übungsphasen, in der Wochenplanarbeit, im Vertretungsunterricht und auch zum selbstständigen Lesetraining.*

Wuppertal, Remscheid
Jörg Krampe, Rolf Mittelmann

Babys (69 Wörter)

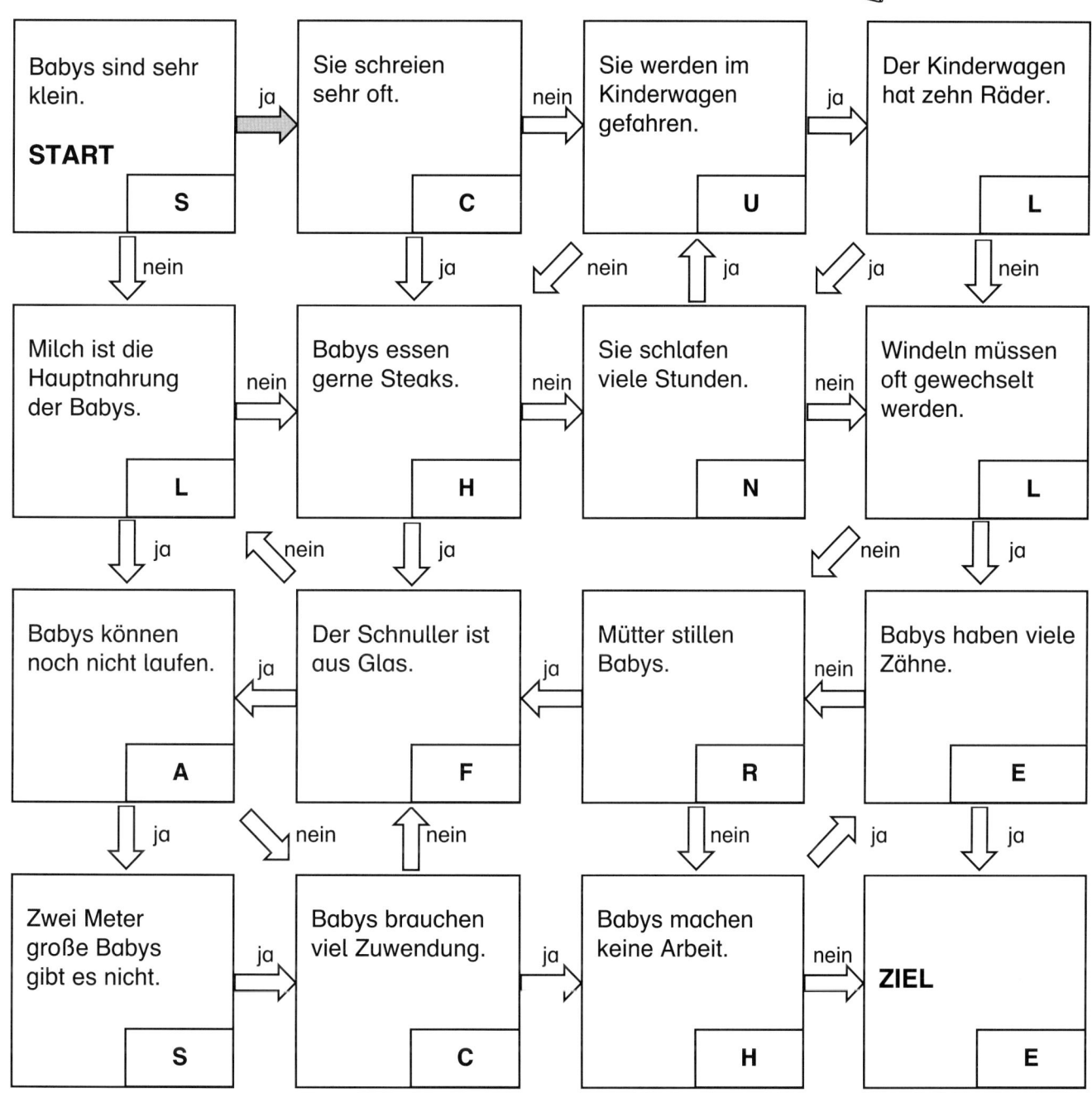

Lösungswort:

S	C												

Spielregel:
- Lies die Sätze in den viereckigen Feldern.
- Beginne bei dem Feld „START"!
- Entscheide bei jedem Satz, ob die Aussage richtig ist oder nicht richtig ist. Folge den entsprechenden Pfeilen und markiere den Weg.
- Trage die großen Buchstaben aus jedem Feld unten rechts entlang deines Weges beim „Lösungswort" ein.
- **Selbstkontrolle:** Lösungswort.

Babys (69 Wörter) – Lösungen

Babys sind sehr klein. **START** — S	Sie schreien sehr oft. — C	Sie werden im Kinderwagen gefahren. — U	Der Kinderwagen hat zehn Räder. — L
Milch ist die Hauptnahrung der Babys. — L	Babys essen gerne Steaks. — H	Sie schlafen viele Stunden. — N	Windeln müssen oft gewechselt werden. — L
Babys können noch nicht laufen. — A	Der Schnuller ist aus Glas. — F	Mütter stillen Babys. — R	Babys haben viele Zähne. — E
Zwei Meter große Babys gibt es nicht. — S	Babys brauchen viel Zuwendung. — C	Babys machen keine Arbeit. — H	**ZIEL** — E

Lösungswort:

| S | C | H | N | U | L | L | E | R | F | L | A | S | C | H | E |

IRRGARTEN

Babys* (101 Wörter)

Spielregel:
- Lies die Sätze aufmerksam durch.
- In jedem Satz steht ein Wort, welches vom Sinn her nicht hineinpasst.
- Unterstreiche dieses unpassende Wort.
- Notiere alle unterstrichenen (unpassenden) Wörter der Reihe nach bei „Rätsel".
- Löse anschließend die Rätselaufgabe.
- **Selbstkontrolle:** Lösungswort des Rätsels.

Babys

1. <u>Es</u> Babys sind noch sehr klein und liegen oft im Kinderwagen.

2. Sie haben noch keine Zähne und trinken viel Milch aus ist der Nuckelflasche.

3. Oft schreien Babys in der Nacht rot und müssen von den Erwachsenen beruhigt werden.

4. Sie spielen gerne vorne mit Rässelchen und zappeln mit Händen und Füßen.

5. Wenn Babys größer werden, beginnen sie rund zu kriechen und zu krabbeln.

6. Statt Milch aus der Flasche gibt es auch schon mal und Brei.

7. Babys werden gerne von den Eltern auf den im Arm genommen und hin und her geschaukelt.

8. Sie schlafen viele Stunden am Tag Mund und brauchen viel Ruhe.

Rätsel: Es _____ _____ , _____ _____ _____ _____ _____ .

Lösungswort: _____

(es enthält die Buchstaben E, Z, N, G, U)

Babys* (101 Wörter) – Lösungen

Babys

1. <u>Es</u> Babys sind noch sehr klein und liegen oft im Kinderwagen.

2. Sie haben noch keine Zähne und trinken viel Milch aus <u>ist</u> der Nuckelflasche.

3. Oft schreien Babys in der Nacht <u>rot</u> und müssen von den Erwachsenen beruhigt werden.

4. Sie spielen gerne <u>vorne</u> mit Rässelchen und zappeln mit Händen und Füßen.

5. Wenn Babys größer werden, beginnen sie <u>rund</u> zu kriechen und zu krabbeln.

6. Statt Milch aus der Flasche gibt es auch schon mal <u>und</u> Brei.

7. Babys werden gerne von den Eltern auf den <u>im</u> Arm genommen und hin und her geschaukelt.

8. Sie schlafen viele Stunden am Tag <u>Mund</u> und brauchen viel Ruhe.

Rätsel: Es ist rot, vorne rund und im Mund.

Lösungswort: ZUNGE

Besuch (99 Wörter)

Spielregel:
- Lies die Sätze aufmerksam durch.
- In jedem Satz steht ein Wort, welches vom Sinn her nicht hineinpasst.
- Unterstreiche dieses unpassende Wort.
- Notiere alle unterstrichenen (unpassenden) Wörter der Reihe nach bei „Rätsel".
- Löse anschließend die Rätselaufgabe.
- **Selbstkontrolle:** Lösungswort des Rätsels.

Besuch

1. Auf der Straße vor <u>In</u> Peters Haus liegt Schnee.
2. Plötzlich klopft es an welchem Peters Tür.
3. Der Monat Nikolaus steht draußen.
4. Der Nikolaus ist mit einem Schlitten kommen gekommen.
5. Der Nikolaus hat der einen roten Mantel an.
6. Auf Nikolaus dem Rücken trägt der Nikolaus einen schweren Sack.
7. In der Hand hält der Nikolaus und einen Stock.
8. Der Nikolaus ist ein alter Mann mit einem der weißen Bart.
9. Peter sagt ein Gedicht Weihnachtsmann auf.
10. Peter zitter vor zu Aufregung und Angst.
11. Liebe Kinder brauchen vor dem den Nikolaus keine Angst zu haben.
12. Peter Kindern bekommt vom Nikolaus einen neuen Fußball!

Rätsel: In _____ _____ _____ _____ _____

_____ _____ _____ _____ _____ _____ ?

Lösungswort: Im _____

(es enthält die Buchstaben B, D, E, E, E, M, R, Z)

Besuch (99 Wörter) – Lösungen

Besuch

1. Auf der Straße vor <u>In</u> Peters Haus liegt Schnee.
2. Plötzlich klopft es an <u>welchem</u> Peters Tür.
3. Der <u>Monat</u> Nikolaus steht draußen.
4. Der Nikolaus ist mit einem Schlitten <u>kommen</u> gekommen.
5. Der Nikolaus hat <u>der</u> einen roten Mantel an.
6. Auf <u>Nikolaus</u> dem Rücken trägt der Nikolaus einen schweren Sack.
7. In der Hand hält der Nikolaus <u>und</u> einen Stock.
8. Der Nikolaus ist ein alter Mann mit einem <u>der</u> weißen Bart.
9. Peter sagt ein Gedicht <u>Weihnachtsmann</u> auf.
10. Peter zitter vor <u>zu</u> Aufregung und Angst.
11. Liebe Kinder brauchen vor dem <u>den</u> Nikolaus keine Angst zu haben.
12. Peter <u>Kindern</u> bekommt vom Nikolaus einen neuen Fußball!

Rätsel: In welchem Monat kommen der Nikolaus und der Weihnachtsmann zu den Kindern?

Lösungswort: Im DEZEMBER

Besuch* (119 Wörter)

Erster Teil		Zweiter Teil	
Weil Petra heute Geburtstag hat,	16	und hat Oma mit im Auto.	17
Petra freut sich besonders über den Besuch ihrer Oma,	17	sagt Oma zur Begrüßung.	12
Oma hat schon vor zwei Wochen geschrieben, wann	18	kommen viele Verwandte zu Besuch.	17
Vater ist zum Flughafen gefahren,	20	was Oma ihr wohl zum Geburtstag mitgebracht hat.	21
Endlich kommt Vater vom Flughafen zurück	5	sie mit dem Flugzeug in Frankfurt landet.	20
Petra ist ganz aufgeregt, weil sie	6	tragen, in dem Oma jetzt wohnt.	18
„Bist du aber groß geworden",	18	eine Kette aus Silber mit Edelsteinen.	21
Petra darf Omas Koffer in ihr Zimmer	4	Oma schon zwei Jahre nicht mehr gesehen hat.	16
Petra ist sehr gespannt,	20	die in Amerika wohnt.	12
Für Petra hat Oma echten Indianerschmuck mitgebracht:	2	um Oma abzuholen.	3

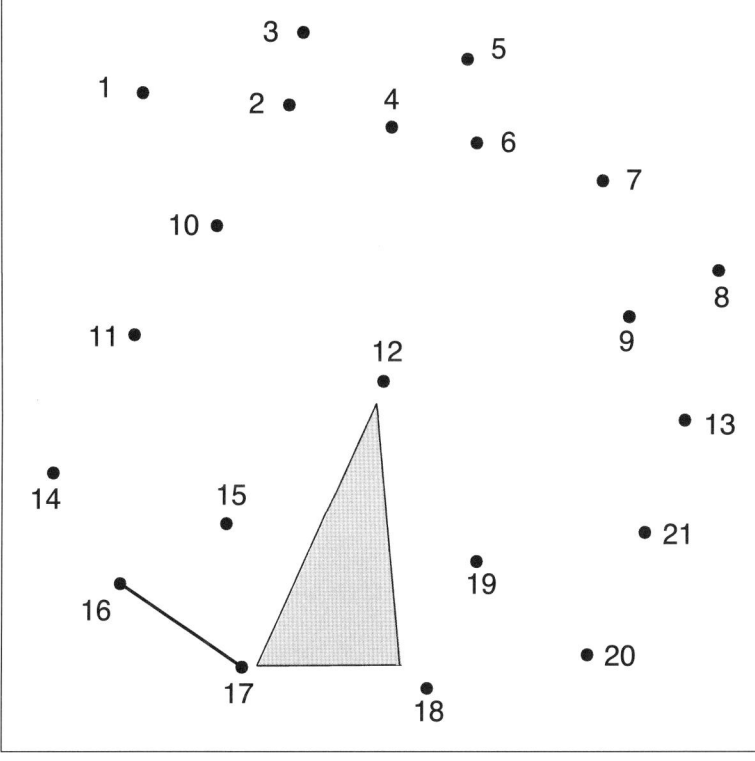

Spielregel:
- Alle Sätze sind in zwei Teile zerschnitten.
- Suche zum ersten Teil immer den passenden zweiten Teil.
- Male beide passenden Teile mit einer Farbe an (Buntstifte).
- Verbinde dann im Bild die Punkte so, wie es die Zahlen hinter den passenden Teilen jedes Satzes angeben (Lineal!).
- **Selbstkontrolle:** Bild.

Besuch* (119 Wörter) – Lösungen

Erster Teil		Zweiter Teil	
Weil Petra heute Geburtstag hat,	16	kommen viele Verwandte zu Besuch.	17
Petra freut sich besonders über den Besuch ihrer Oma,	17	die in Amerika wohnt.	12
Oma hat schon vor zwei Wochen geschrieben, wann	18	sie mit dem Flugzeug in Frankfurt landet.	20
Vater ist zum Flughafen gefahren,	20	um Oma abzuholen.	3
Endlich kommt Vater vom Flughafen zurück	5	und hat Oma mit im Auto.	17
Petra ist ganz aufgeregt, weil sie	6	Oma schon zwei Jahre nicht mehr gesehen hat.	16
„Bist du aber groß geworden",	18	sagt Oma zur Begrüßung.	12
Petra darf Omas Koffer in ihr Zimmer	4	tragen, in dem Oma jetzt wohnt.	18
Petra ist sehr gespannt,	20	was Oma ihr wohl zum Geburtstag mitgebracht hat.	21
Für Petra hat Oma echten Indianerschmuck mitgebracht:	2	eine Kette aus Silber mit Edelsteinen.	21

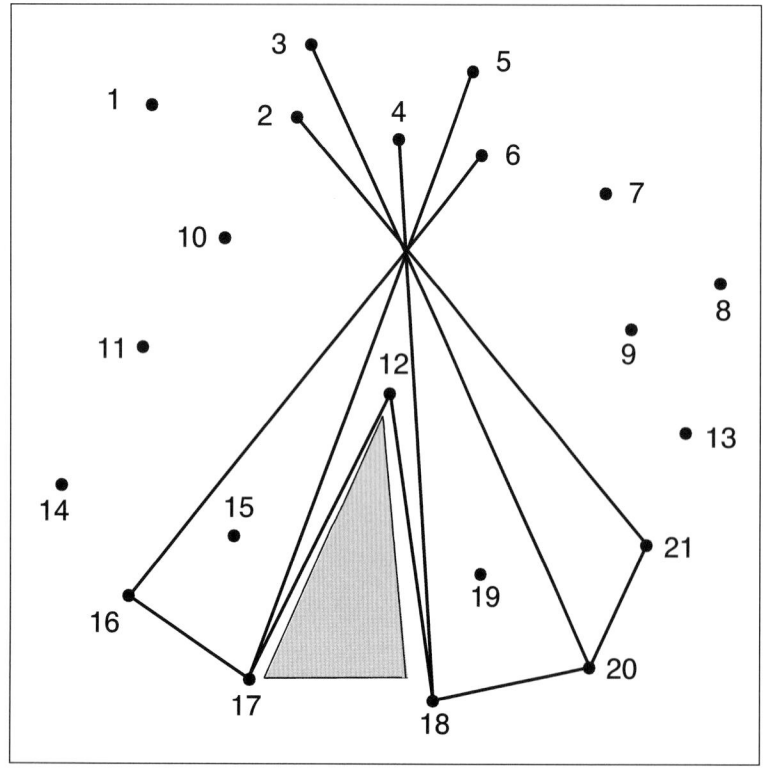

BILD AUS PUNKTEN

Fahrrad (55 Wörter)

Spielregel:
- Schneide alle kleinen Teile entlang der dicken Linien aus (✂).
- Lies den Text auf einem langen Streifen, suche ein passendes kleines Teil und lege dieses rechts daneben in das leere Feld im langen Streifen.
- Lies den Text auf dem nächsten langen Streifen, suche wieder das dazu passende kleine Teil und lege es in das leere Feld.
- Wiederhole dies so lange, bis alle Streifen belegt sind.
- Am rechten Rand der fertigen Streifen erhältst du der Reihe nach gelesen ein Wort, das du bei „Lösungswort" einträgst.
- **Selbstkontrolle:** Lösungswort.

hier auflegen:

1	Peters Fahrrad ist	
2	Die Kette	
3	Der Rahmen beginnt	
4	Ein Reifen hat	
5	Das Seil der Handbremse ist	

hier auflegen:

6	Das Rücklicht	
7	Die Rückstrahler in den Pedalen	
8	Der Scheinwerfer hat ein	
9	Der Dynamo liefert	
10	In den Rädern fehlen	

Lösungswort: _____

ausschneiden:

| alt und dreckig. | H | zerbroche-nes Glas. | M | sind verdreckt. | E | leuchtet nicht mehr. | R | gerissen. | B |
| einen Platten. | D | ist abge-sprungen. | A | mehrere Speichen. | E | zu rosten. | N | keinen Strom. | S |

GEHEIMSCHRIFT

Fahrrad (55 Wörter) – Lösungen

1	Peters Fahrrad ist	alt und dreckig.	H
2	Die Kette	ist abgesprungen.	A
3	Der Rahmen beginnt	zu rosten.	N
4	Ein Reifen hat	einen Platten.	D
5	Das Seil der Handbremse ist	gerissen.	B

6	Das Rücklicht	leuchtet nicht mehr.	R
7	Die Rückstrahler in den Pedalen	sind verdreckt.	E
8	Der Scheinwerfer hat ein	zerbrochenes Glas.	M
9	Der Dynamo liefert	keinen Strom.	S
10	In den Rädern fehlen	mehrere Speichen.	E

Lösungswort: HANDBREMSE

Fahrrad* (99 Wörter)

Spielregel:
- Schneide alle kleinen Teile entlang der dicken Linien aus (✂).
- Lies den Text auf einem langen Streifen, suche ein passendes kleines Teil und lege dieses rechts daneben in das leere Feld im langen Streifen.
- Lies den Text auf dem nächsten langen Streifen, suche wieder das dazu passende kleine Teil und lege es in das leere Feld.
- Wiederhole dies so lange, bis alle Streifen belegt sind.
- Am rechten Rand der fertigen Streifen erhältst du der Reihe nach gelesen ein Wort, das du bei „Lösungswort" einträgst.
- **Selbstkontrolle:** Lösungswort.

hier auflegen:

1	Peter fährt heute wie an jedem Tag	
2	Weil sich Peter heute verspätet hat,	
3	Peter biegt um die Ecke und	
4	Peter sieht nicht, dass aus der Straße	
5	Das Auto kann nicht mehr bremsen	

hier auflegen:

6	Peter stürzt und verletzt sich	
7	Der Autofahrer hilft Peter und ruft	
8	Mit dem Rettungswagen wird Peter	
9	Die Polizei untersucht genau, ob Peter	
10	Weil das Auto von rechts kam,	

Lösungswort: _____

ausschneiden:

mit dem Fahrrad zur Schule.	A	schaut nicht nach rechts.	T	fährt er sehr schnell.	U	an der Schulter.	A	und Peter kracht dagegen.	F
rechts ein Auto kommt.	O	hatte es Vorfahrt.	R	sich richtig verhalten hat.	E	den Arzt und die Polizei.	H	ins Krankenhaus gebracht.	R

Fahrrad* (99 Wörter) – Lösungen

1	Peter fährt heute wie an jedem Tag	mit dem Fahrrad zur Schule.	A
2	Weil sich Peter heute verspätet hat,	fährt er sehr schnell.	U
3	Peter biegt um die Ecke und	schaut nicht nach rechts.	T
4	Peter sieht nicht, dass aus der Straße	rechts ein Auto kommt.	O
5	Das Auto kann nicht mehr bremsen	und Peter kracht dagegen.	F

6	Peter stürzt und verletzt sich	an der Schulter.	A
7	Der Autofahrer hilft Peter und ruft	den Arzt und die Polizei.	H
8	Mit dem Rettungswagen wird Peter	ins Krankenhaus gebracht.	R
9	Die Polizei untersucht genau, ob Peter	sich richtig verhalten hat.	E
10	Weil das Auto von rechts kam,	hatte es Vorfahrt.	R

Lösungswort: AUTOFAHRER

Gebirge (67 Wörter)

Spielregel:
- In den folgenden Sätzen gibt es immer falsche und richtige Wörter mit einer Zahl dahinter.
- Lies die Sätze nacheinander genau durch und überlege bei jedem Satz, welches das richtige Wort ist.
- Streiche alle falschen Wörter durch und unterstreiche die richtigen Wörter.
- Male im Bild die Felder mit den Zahlen aus, die hinter den **richtigen Wörtern** stehen (Bleistift).
- **Selbstkontrolle:** Bildfigur.

Im Gebirge

1. <u>Urlaub (1)</u> ~~Arbeit (2)~~ in den Bergen ist erholsam und gesund.
2. Im Gebirge kann man Sandburgen bauen (3) wandern (4).
3. Der Aufstieg (5) Schlaf (6) ist anstrengend.
4. Bergab (7) Bergauf (8) geht es leichter.
5. Im Koffer (9) Rucksack (10) sind leckere Sachen.
6. Ein Auto (11) Picknick (12) auf der Alm macht Spaß.
7. Auch auf der Berghütte (13) Insel (14) ist es schön.
8. Zum Klettern braucht man ein Fahrrad (15) Seil (16).
9. Auf dem Gipfel steht ein Gipfelkreuz (17) Leuchtturm (18).
10. Manchmal liegt noch Sand (19) Schnee (20).

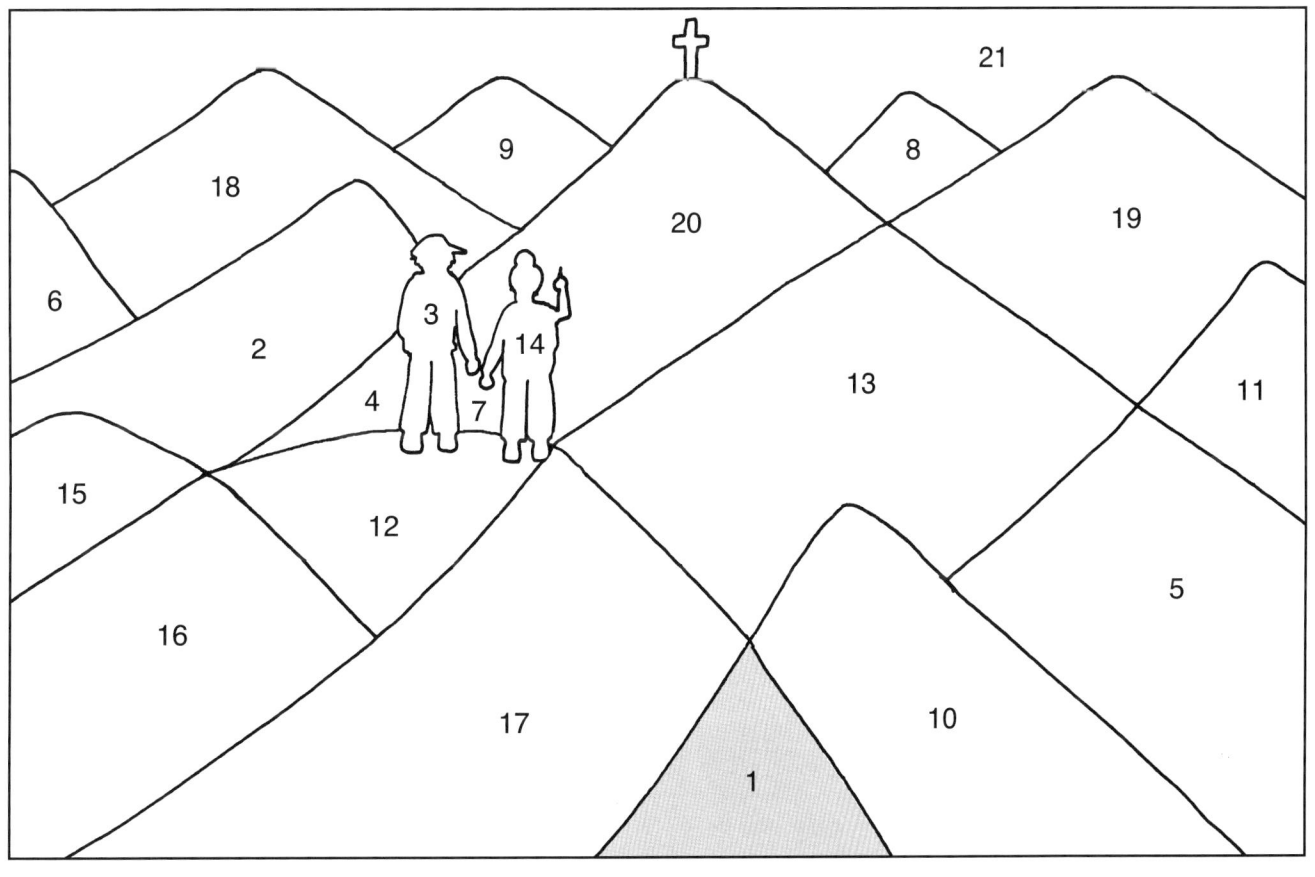

AUSMALEN

Gebirge (67 Wörter) – Lösungen

Im Gebirge

1. Urlaub (1) ~~Arbeit (2)~~ in den Bergen ist erholsam und gesund.
2. Im Gebirge kann man ~~Sandburgen bauen (3)~~ wandern (4).
3. Der Aufstieg (5) ~~Schlaf (6)~~ ist anstrengend.
4. Bergab (7) ~~Bergauf (8)~~ geht es leichter.
5. Im ~~Koffer (9)~~ Rucksack (10) sind leckere Sachen.
6. Ein ~~Auto (11)~~ Picknick (12) auf der Alm macht Spaß.
7. Auch auf der Berghütte (13) ~~Insel (14)~~ ist es schön.
8. Zum Klettern braucht man ein ~~Fahrrad (15)~~ Seil (16).
9. Auf dem Gipfel steht ein Gipfelkreuz (17) ~~Leuchtturm (18)~~.
10. Manchmal liegt noch ~~Sand (19)~~ Schnee (20).

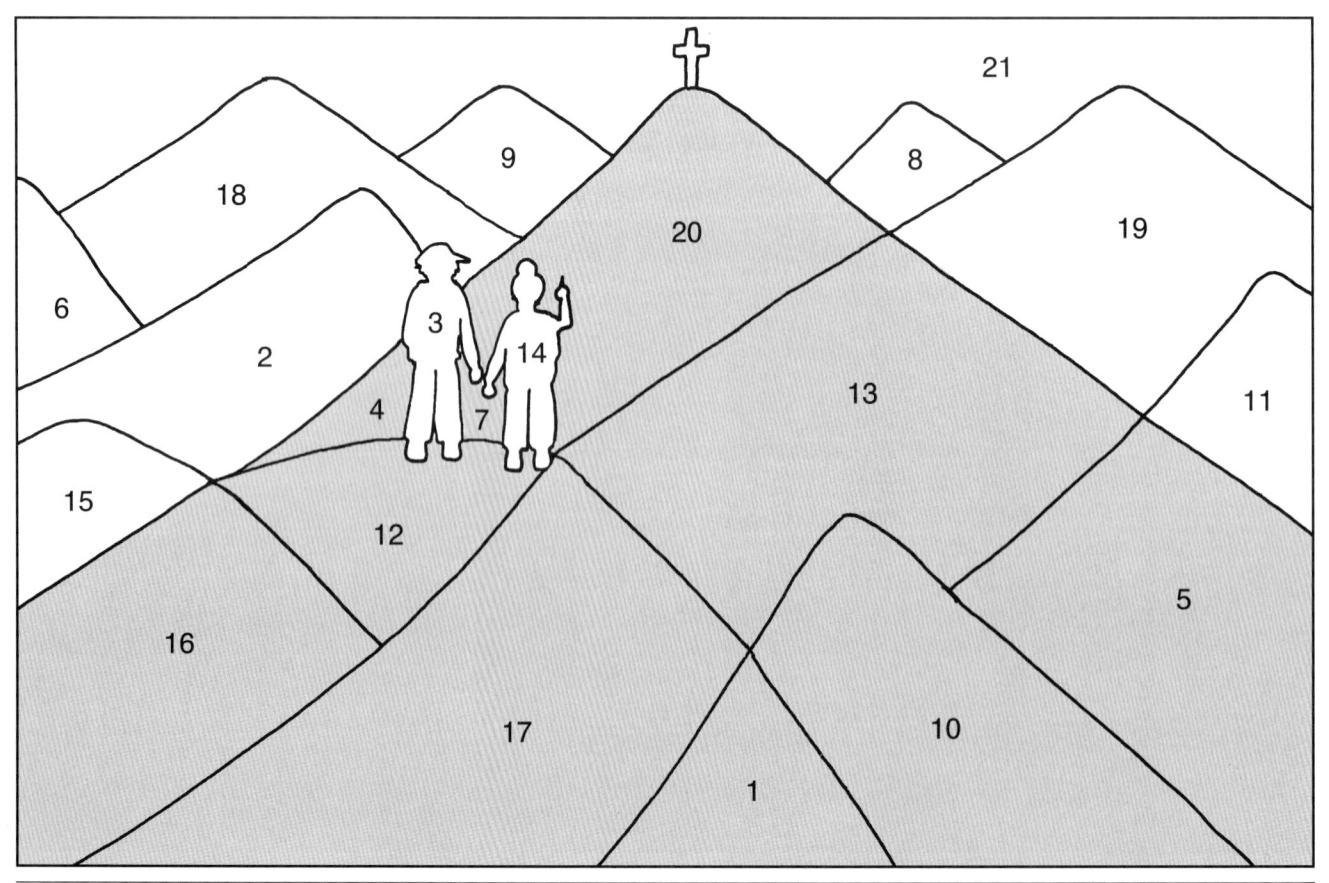

AUSMALEN

Gebirge* (115 Wörter)

Spielregel:
- Schneide alle Puzzleteile aus!
- Lies den ersten Text im Spielplan, und lege das Puzzleteil mit dem dazu passenden Text auf den freien Platz darunter.
- Mache es mit den anderen Texten ebenso.
- **Selbstkontrolle:** Bildfigur.
- **Tipp:** Aufkleben.

Spielplan

In den Alpen gibt es viele hohe Berge, die zum Teil	Die höchsten Berge der Erde liegen im Himalaja und	Der Mount Everest ist 8848 Meter hoch und ist
Manche Berge sind von Gletschern bedeckt,	Der höchste Berg Deutschlands heißt Zugspitze	Auf vielen Gipfeln kennzeichnet ein Kreuz
Zum Besteigen der Berge braucht man oft ein Seil	Auch einen Eispickel braucht der Bergsteiger, wenn	Auf dem Weg zum Gipfel gibt es Hütten,

Puzzleteile

der höchste Berg der Erde.	und liegt ganz im Süden unseres Landes.	noch mit Schnee bedeckt sind.
er einen Schneeberg besteigen will.	sind über 8000 Meter hoch.	und unter den Schuhen Steigeisen.
den höchsten Punkt des Berges.	in denen man übernachten kann.	die tiefe Spalten haben.

Gebirge* (115 Wörter) – Lösungen

In den Alpen gibt es viele hohe Berge, die zum Teil	**Die höchsten Berge der Erde liegen im Himalaja und**	**Der Mount Everest ist 8848 Meter hoch und ist**
noch mit Schnee bedeckt sind.	**sind über 8000 Meter hoch.**	**der höchste Berg der Erde.**
Manche Berge sind von Gletschern bedeckt,	**Der höchste Berg Deutschlands heißt Zugspitze**	**Auf vielen Gipfeln kennzeichnet ein Kreuz**
die tiefe Spalten haben.	**und liegt ganz im Süden unseres Landes.**	**den höchsten Punkt des Berges.**
Zum Besteigen der Berge braucht man oft ein Seil	**Auch einen Eispickel braucht der Bergsteiger, wenn**	**Auf dem Weg zum Gipfel gibt es Hütten,**
und unter den Schuhen Steigeisen.	**er einen Schneeberg besteigen will.**	**in denen man übernachten kann.**

Haus (57 Wörter)

Im Winter wird	Auf dem Dach steht	Das Bad hat ge-	hat ein Dach.	Jedes Haus
gibt es Möbel.	stehen aus Steinen.	im Kinderzimmer.	Die Mauern be-	der Kühlschrank.
Tief in der Erde	fliese Wände.	eine Heizung gebraucht.	ein Schornstein.	ist der Keller.
viele Zimmer.	In der Küche ist	Das Spielzeug ist	Im Haus gibt es	In jedem Zimmer

Spielregel:
- Schneide alle Dominokärtchen aus.
- Wähle ein beliebiges Kärtchen und lies den Text darauf.
- Lege das zum Text passende Kärtchen rechts daneben.
- Dort steht der Beginn des nächsten Satzes.
- Lege immer so weiter, bis alle Kärtchen verbraucht sind.
- **Selbstkontrolle:** Fortlaufendes Bild in der Mitte des Dominostreifens.

(STREIFEN-)DOMINO

Haus (57 Wörter) – Lösungen

Tief in der Erde	ein Schornstein.	Auf dem Dach steht	hat ein Dach.	Jedes Haus
viele Zimmer.	Im Haus gibt es	stehen aus Steinen.	Die Mauern be-	der Kühlschrank.
flieste Wände.	Das Bad hat ge-	eine Heizung gebraucht.	Im Winter wird	ist der Keller.
In der Küche ist	im Kinderzimmer.	Das Spielzeug ist	gibt es Möbel.	In jedem Zimmer

(STREIFEN-)DOMINO

Haus* (129 Wörter)

Spielregel:
- In den folgenden Sätzen gibt es immer eine richtige und eine falsche Aussage mit einer Zahl dahinter.
- Lies die Sätze nacheinander genau durch.
- Streiche alle falschen Aussagen durch und unterstreiche die richtigen Aussagen.
- Male im Bild die Felder mit den Zahlen aus, die hinter den richtigen Aussagen stehen (Bleistift).
- **Selbstkontrolle:** Bildfigur.

1. Jedes Haus hat eine Eingangstür und mehrere (1) – ein (2) Fenster.
2. Im Haus gibt es nur ein (3) – mehrere (4) Zimmer für die Familie.
3. In der Küche wird geschlafen (5) – gekocht (6).
4. Im Schlafzimmer schlafen (7) – putzen die Eltern jede Nacht (8).
5. Im Kinderzimmer spielen die Pferde (9) – Kinder (19).
6. Im Wohnzimmer kann man fernsehen (11) – mit dem Auto fahren (12).
7. Im Flur befindet sich die Garderobe zum Aufhängen der Autoreifen (13) – Mäntel und Jacken (15).
8. Im Badezimmer befinden sich eine Badewanne oder eine Dusche und die Toilette (14) – der Schreibtisch (16).
9. Im Keller werden die Vorräte aufbewahrt und er dient als Abstellraum (17) – Schlafraum (18).
10. Auf dem Dach (10) – im Flur (20) befinden sich der Schornstein und die Fernsehantenne.
11. Es gibt Einfamilienhäuser, Reihenhäuser, Mehrfamilienhäuser, Hochhäuser und noch viele andere Reisen (21) – Häuser (22).
12. Das Haus steht auf einem Grundstück, zu dem oft noch eine Terrasse und ein Garten (23) – Schiff (24) gehören.

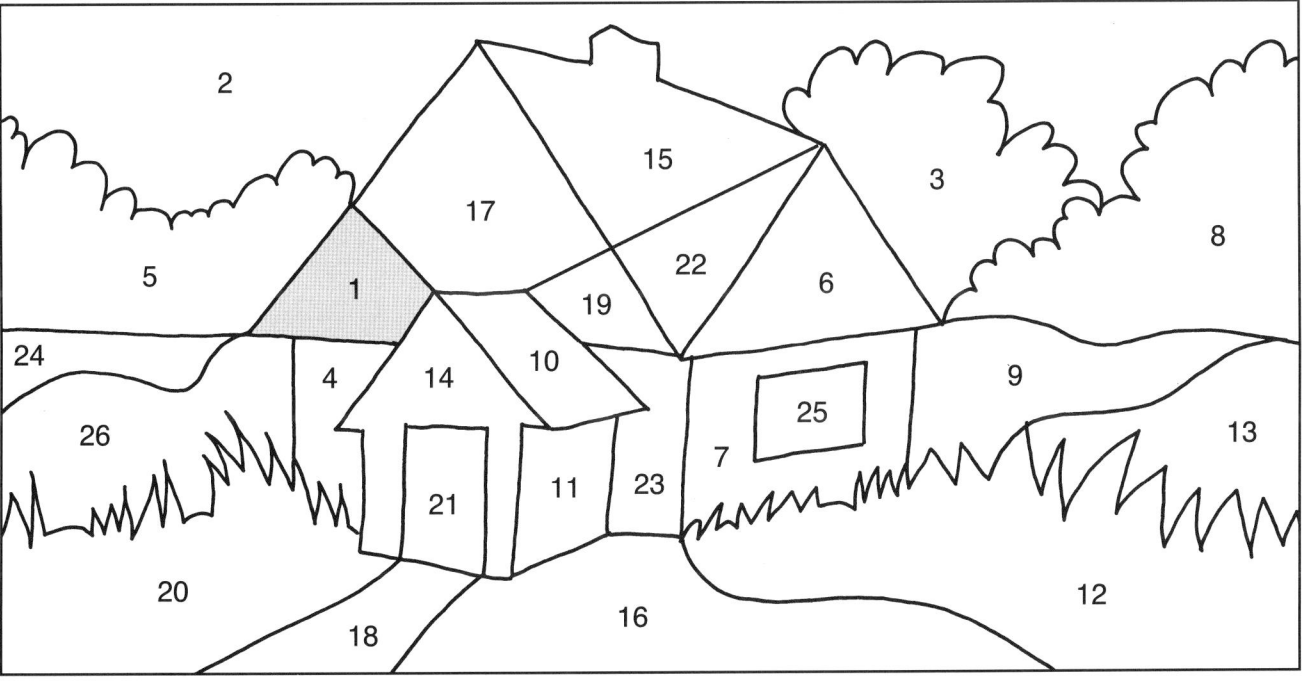

AUSMALEN

Haus* (129 Wörter) – Lösungen

1. Jedes Haus hat eine Eingangstür und mehrere (1) – ein (2) Fenster.
2. Im Haus gibt es nur ein (3) – mehrere (4) Zimmer für die Familien.
3. In der Küche wird geschlafen (5) – gekocht (6).
4. Im Schlafzimmer schlafen (7) – putzen die Eltern jede Nacht (8).
5. Im Kinderzimmer spielen die Pferde (9) – Kinder (19).
6. Im Wohnzimmer kann man fernsehen (11) – mit dem Auto fahren (12).
7. Im Flur befindet sich die Garderobe zum Aufhängen der Autoreifen (13) – Mäntel und Jacken (15).
8. Im Badezimmer befinden sich eine Badewanne oder eine Dusche und die Toilette (14) – der Schreibtisch (16).
9. Im Keller werden die Vorräte aufbewahrt und er dient als Abstellraum (17) – Schlafraum (18).
10. Auf dem Dach (10) – im Flur (20) befinden sich der Schornstein und die Fernsehantenne.
11. Es gibt Einfamilienhäuser, Reihenhäuser, Mehrfamilienhäuser, Hochhäuser und noch viele andere Reisen (21) – Häuser (22).
12. Das Haus steht auf einem Grundstück, zu dem oft noch eine Terrasse und ein Garten (23) – Schiff (24) gehören.

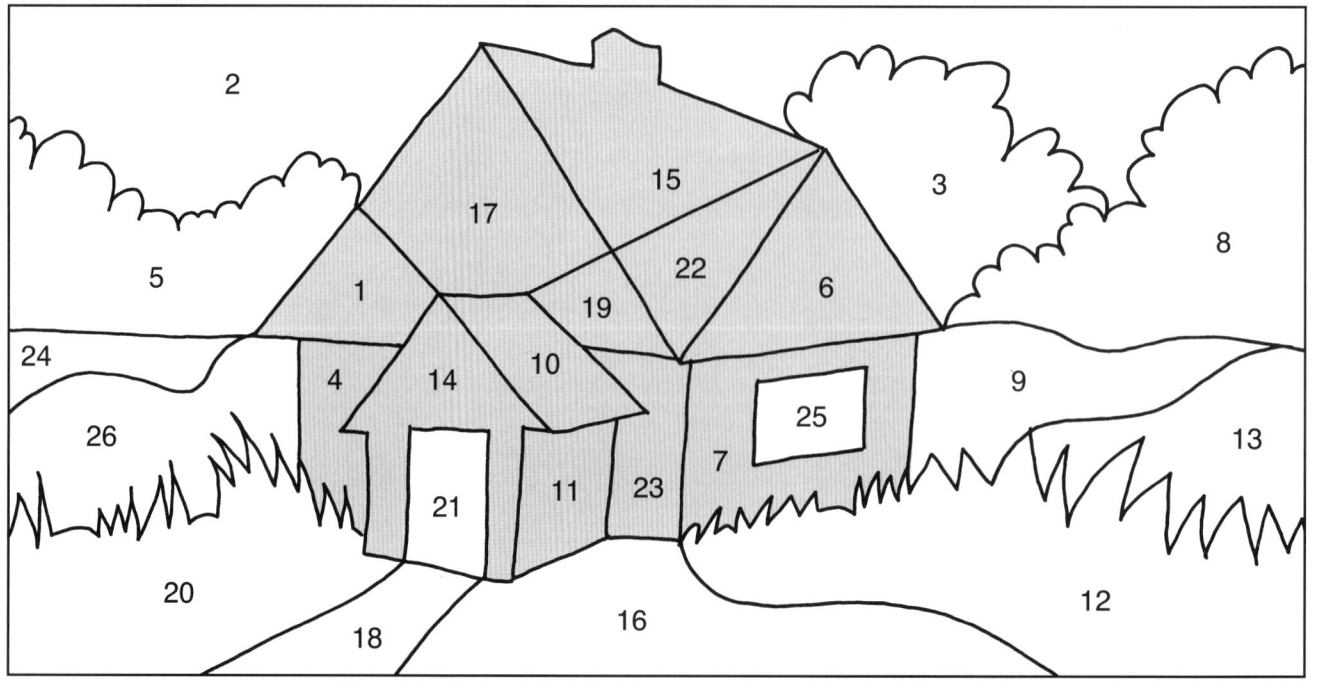

AUSMALEN

Kompass (88 Wörter)

✶ In der Schule untersuchen die	Die Kinder kennen jetzt auch die	im Süden.	Ein Ende der Kompassnadel	Auch mit der Sonne und einer Uhr kann man die
Himmelsrichtungen bestimmen.	Süden.	Im Westen geht die Sonne unter.	in die gleiche Richtung.	und Osten.
Im Osten geht die Sonne	Kinder den Kompass.	anderen Himmelsrichtungen.	Die Kompassnadel ist drehbar.	Mittags steht die Sonne
zeigt nach Norden.	Jeder Kompass enthält eine	Quer zur Nord-Süd-Richtung ist Westen	magnetische Nadel.	auf.
Das andere Ende der Kompassnadel	Die Kompassnadel dreht sich immer	gelagert.		

Spielregel:
- Schneide alle Dominokärtchen aus.
- Suche das Kärtchen mit dem Stern aus und lies den Satzanfang.
- Lege das Kärtchen mit den passenden Satzenden rechts daneben.
- Lies den Anfang auf dem angelegten Teil und so weiter.
- **Selbstkontrolle:** Ein langes Bild in der Mitte des Dominostreifens.

(STREIFEN-)DOMINO

Kompass (88 Wörter) – Lösungen

✳ In der Schule untersuchen die	Kinder den Kompass.
Die Kompassnadel ist drehbar	gelagert.
Ein Ende der Kompassnadel	zeigt nach Norden.
Das andere Ende der Kompassnadel zeigt nach	Süden.
Die Kinder kennen jetzt auch die	anderen Himmelsrichtungen.
Jeder Kompass enthält eine	magnetische Nadel.
Die Kompassnadel dreht sich immer	in die gleiche Richtung.
Auch mit der Sonne und einer Uhr kann man die	Himmelsrichtungen bestimmen.
Mittags steht die Sonne	im Süden.
Im Osten geht die Sonne	auf.
Im Westen geht die Sonne unter.	
Quer zur Nord-Süd-Richtung ist Westen	und Osten.

Kompass* (156 Wörter)

∗ Zum Abschluss der Klassenfahrt machen die Kinder eine	Tageswanderung in Gruppen.	Jede Gruppe bekommt einen Kompass und
eine Wanderkarte.	Die Kompassnadel ist ein Magnet und zeigt immer nach	Norden.
Alle Himmelsrichtungen kann man mit dem Kompass bestimmen, weil die Nadel nach	Norden zeigt.	Auf der Landkarte sehen die Kinder, in welcher Himmelsrichtung
die Burg liegt.	Alle Kinder wissen, dass auf ihrer Landkarte oben	Norden ist.
Wenn die Kinder die Kompassnadel nach Norden halten, ist Westen links und	Osten rechts von ihnen.	Die Kinder sollen mit Kompass und Wanderkarte selbst
den Weg zur Burg finden.	Nach einer Stunde sehen die Kinder in Petras Gruppe	als erste die Burg.
Weil die Ritter die Burg auf einen kleinen Berg gebaut haben, kann man sie gut sehen.	Weil auf der Landkarte Norden oben ist, ist Süden unten, Westen	links und Osten rechts.
Weil die Kinder nach Norden schauen und weil die Burg im Westen liegt, gehen die Kinder	nach links.	

Spielregel:
- Schneide alle Dominokärtchen aus.
- Suche das Kärtchen mit dem Stern aus und lies den Satzanfang.
- Lege das Kärtchen mit den passenden Satzenden rechts daneben.
- Lies den Anfang auf dem angelegten Teil und so weiter.
- **Selbstkontrolle:** Ein langes Bild in der Mitte des Dominostreifens.

(STREIFEN-)DOMINO

Kompass* (156 Wörter) – Lösungen

* Zum Abschluss der Klassenfahrt machen die Kinder eine	Tageswanderung in Gruppen.	Die Kinder sollen mit Kompass und Wanderkarte selbst	den Weg zur Burg finden.	Die Kompassnadel ist ein Magnet und zeigt immer nach	Norden.
Jede Gruppe bekommt einen Kompass und	eine Wanderkarte.	Alle Kinder wissen, dass auf ihrer Landkarte oben	Norden ist.	Alle Himmelsrichtungen kann man mit dem Kompass bestimmen, weil die Nadel nach	Norden zeigt.
Wenn die Kinder die Kompassnadel nach Norden halten, ist Westen links und	Osten rechts von ihnen.	Nach einer Stunde sehen die Kinder in Petras Gruppe	als erste die Burg.	Weil die Ritter die Burg auf einen kleinen Berg gebaut haben, kann man sie gut sehen.	
Weil auf der Landkarte Norden oben ist, ist Süden unten, Westen	links und Osten rechts.	Weil die Kinder nach Norden schauen und weil die Burg im Westen liegt, gehen die Kinder	nach links.		
Auf der Landkarte sehen die Kinder, in welcher Himmelsrichtung	die Burg liegt.				

30   (STREIFEN-)DOMINO

Krank (86 Wörter)

Spielregel:
- Lies die Sätze aufmerksam durch.
- In jedem Satz steht ein Wort, welches vom Sinn her nicht hineinpasst.
- Unterstreiche dieses unpassende Wort.
- Notiere alle unterstrichenen (unpassenden) Wörter der Reihe nach bei „Rätsel".
- Löse anschließend die Rätselaufgabe.
- **Selbstkontrolle:** Lösungswort des Rätsels

1. <u>Welches</u> Peter ist heute nicht in die Schule gegangen.
2. Peter liegt still Thermometer im Bett.
3. Peter schwitzt und hat ist Fieber.
4. Peters Zunge ist für ganz rot mit hellen Punkten.
5. Mutter gibt Peter Peter viel Tee zu trinken.
6. Mutter kocht Peters Lieblingsgericht und.
7. Peter hat alle keinen Hunger, nur Durst.
8. Peters Mutter ruft anderen den Arzt.
9. Der Arzt Kranken untersucht Peter genau.
10. Peter hat das Masern und muss im Bett bleiben.
11. Peter bekommt wichtigste Besuch von Oma.
12. Thermometer Oma hat für Peter ein neues Stofftier mitgebracht.

Rätsel: Welches _____ ____ ____ _____ ____ ____

_____ _____ ____ _____ _____ ?

Lösungswort: DAS _____ -THERMOMETER

(es enthält die Buchstaben B, E, E, F, I, R)

(WÖRTERSUCH-)RÄTSEL

Krank (86 Wörter) – Lösungen

1. <u>Welches</u> Peter ist heute nicht in die Schule gegangen.
2. Peter liegt still <u>Thermometer</u> im Bett.
3. Peter schwitzt und hat <u>ist</u> Fieber.
4. Peters Zunge ist <u>für</u> ganz rot mit hellen Punkten.
5. Mutter gibt Peter <u>Peter</u> viel Tee zu trinken.
6. Mutter kocht Peters Lieblingsgericht <u>und</u>.
7. Peter hat <u>alle</u> keinen Hunger, nur Durst.
8. Peters Mutter ruft <u>anderen</u> den Arzt.
9. Der Arzt <u>Kranken</u> untersucht Peter genau.
10. Peter hat <u>das</u> Masern und muss im Bett bleiben.
11. Peter bekommt <u>wichtigste</u> Besuch von Oma.
12. <u>Thermometer</u> Oma hat für Peter ein neues Stofftier mitgebracht.

Rätsel: Welches Thermometer ist für Peter und alle anderen Kranken das wichtigste Thermometer?

Lösungswort: DAS FIEBER-THERMOMETER

Krank* (116 Wörter)

Erster Teil		Zweiter Teil	
Sabines Eltern haben im Haus einen Kamin,	5	dass Sabines Vater sofort zu ihm kommt.	6
Weil Sabines Vater heute frei hat,	8	ob sie Hilfe holen soll.	5
Plötzlich fliegt dem Vater etwas ins Auge	6	den man mit Holz heizen kann.	2
Sabine fragt,	12	und muss dann noch mal zu Doktor Müller.	9
Der Vater sagt:	9	lässt sich schnell zu Doktor Müller fahren.	10
Doktor Müller ist damit einverstanden,	2	„Beim nächsten Mal tragen Sie bitte eine Schutzbrille."	12
Sabines Vater ruft ein Taxi und	11	Auge genau und entfernt einen kleinen Splitter.	8
Doktor Müller untersucht das	7	spaltet er mit der Axt Holz.	11
Doktor Müller meint:	13	„Ruf bitte sofort Doktor Müller an."	13
Sabines Vater darf drei Tage nicht arbeiten	10	und er spürt einen starken Schmerz.	7

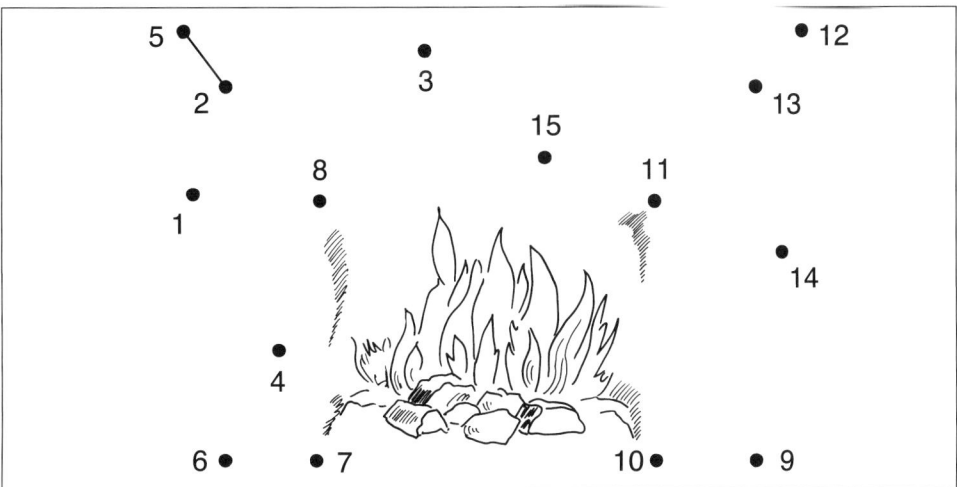

Spielregel:
- Alle Sätze sind in zwei Teile zerschnitten.
- Suche zum ersten Teil immer den passenden zweiten Teil.
- Male beide passenden Teile mit einer Farbe an (Buntstifte).
- Verbinde dann im Bild die Punkte so, wie es die Zahlen hinter den passenden Teilen jedes Satzes angeben.
- **Selbstkontrolle:** Bild.

Krank* (116 Wörter) – Lösungen

Erster Teil		Zweiter Teil	
Sabines Eltern haben im Haus einen Kamin,	5	den man mit Holz heizen kann.	2
Weil Sabines Vater heute frei hat,	8	spaltet er mit der Axt Holz.	11
Plötzlich fliegt dem Vater etwas ins Auge	6	und er spürt einen starken Schmerz.	7
Sabine fragt,	12	ob sie Hilfe holen soll.	5
Der Vater sagt:	9	„Ruf bitte sofort Doktor Müller an."	13
Doktor Müller ist damit einverstanden,	2	dass Sabines Vater sofort zu ihm kommt.	6
Sabines Vater ruft ein Taxi und	11	lässt sich schnell zu Doktor Müller fahren.	10
Doktor Müller untersucht das	7	Auge genau und entfernt einen kleinen Splitter.	8
Doktor Müller meint:	13	„Beim nächsten Mal tragen Sie bitte eine Schutzbrille."	12
Sabines Vater darf drei Tage nicht arbeiten	10	und muss dann noch mal zu Doktor Müller.	9

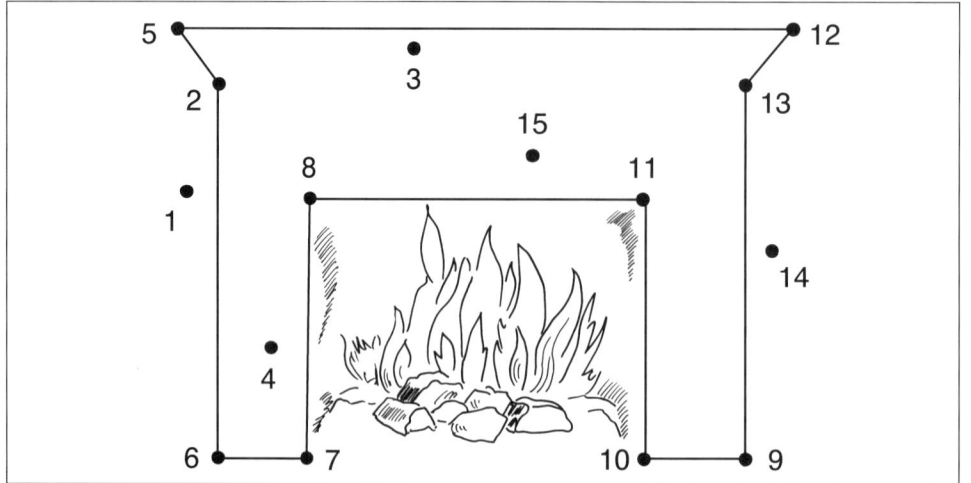

BILD AUS PUNKTEN

Märchen (92 Wörter)

Spielregel:
- In jedem Satz des Märchens hat sich ein <u>falsches</u> Wort eingeschlichen.
- Unterstreiche alle diese Wörter.
- Die Zahlen hinter diesen <u>falschen</u> Wörtern geben jeweils den Buchstaben im <u>falschen</u> Wort an, der für die Lösung wichtig ist.
- Notiere diese Buchstaben der Reihe nach bei „Lösungswort".
- **Selbstkontrolle:** Diese Buchstaben ergeben den Namen eines anderen Märchens.

1. In einem fernen Land (3) - **D**ackel (1) lebte ein junger Prinz.
2. Er wollte eine echte Rose (2) – Prinzessin (3) heiraten.
3. An jeder Bewerberin (5) – Meisterin (7) hatte er etwas auszusetzen.
4. Bei einem Unwetter klopfte (4) – turnte (4) eine durchnässte Prinzessin ans Schlosstor.
5. Zum Schlafen bekam sie ein Bett (3) – Feuer (5) mit vielen Matratzen.
6. Zuunterst wurde eine Erbse (1) – Möwe (2) gelegt.
7. Am nächsten Morgen klagte sie über blaue Flecken (5) – Fersen (4).
8. „Ich habe schrecklich geschluckt (4) – geschlafen (2)!"
9. Der Prinz (5) – Lehrer (3) erkannte sie so als echte Prinzessin.
10. Deshalb heiratete (6) – vergaß (2) er sie sofort.
11. Denn nur eine echte Prinzessin spürt eine Erbse (1) – Tonne (4) unter so vielen Matratzen.

Lösungswort:

D										

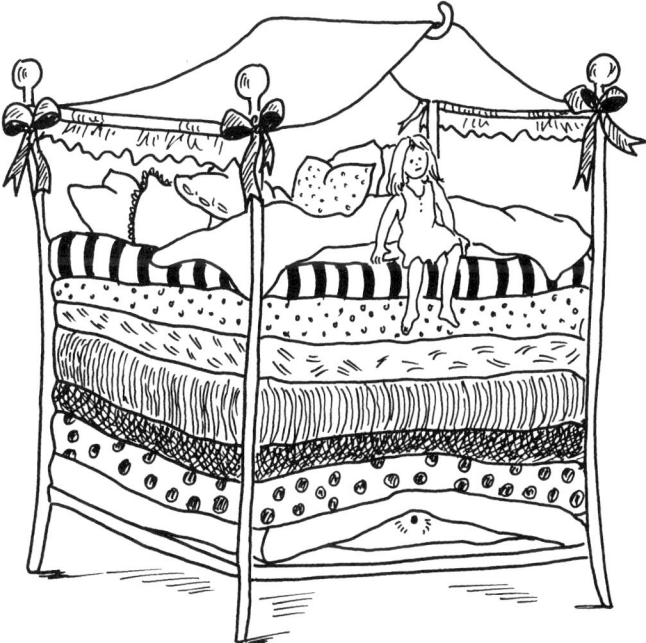

Märchen (92 Wörter) – Lösungen

1. In einem fernen Land (3) - **D**ackel (1) lebte ein junger Prinz.
2. Er wollte eine echte R**o**se (2) – Prinzessin (3) heiraten.
3. An jeder Bewerberin (5) – Meiste**r**in (7) hatte er etwas auszusetzen.
4. Bei einem Unwetter klopfte (4) – tur**n**te (4) eine durchnässte Prinzessin ans Schlosstor.
5. Zum Schlafen bekam sie ein Bett (3) – Feue**r** (5) mit vielen Matratzen.
6. Zuunterst wurde eine Erbse (1) – **M**öwe (2) gelegt.
7. Am nächsten Morgen klagte sie über blaue Flecken (5) – Fer**s**en (4).
8. „Ich habe schrecklich ges**c**hluckt (4) – geschlafen (2)!"
9. Der Prinz (5) – Le**h**rer (3) erkannte sie so als echte Prinzessin.
10. Deshalb heiratete (6) – v**e**rgaß (2) er sie sofort.
11. Denn nur eine echte Prinzessin spürt eine Erbse (1) – To**n**ne (4) unter so vielen Matratzen.

Lösungswort:

| D | O | R | N | R | Ö | S | C | H | E | N |

Märchen* (156 Wörter)

Spielregel:
- Hier sind Textteile aus 8 verschiedenen Märchen.
- Wähle aus jeder der 3 breiten Spalten einen Textbaustein aus und bilde daraus einen sinnvollen Satz.
- Kennzeichne die zusammen gehörenden Textbausteine mit der gleichen Zahl (in der schmalen Spalte eintragen) oder male sie mit derselben Farbe an (Buntstifte).
- Wiederhole dies so lange, bis du alle 8 Sätze gefunden hast.
- **Tipp:** Vergleiche die Sätze, ob du sinnvollere Kombinationen der Textbausteine findest.
- **Selbstkontrolle:** In der rechten Spalte bleibt ein Textbaustein übrig. Trage ihn bei „Kontrolle" ein.

	1. Textbaustein	2. Textbaustein		3. Textbaustein
①	Der große böse Wolf	die immer von ihrem Zauberspiegel wissen wollte,		und wunderten sich dann, dass es darin dunkel war.
②	Dornröschen schlief einhundert	denn sie bauten zum Beispiel Häuser, die keine Fenster hatten		herausgefunden hatte, wie es hieß.
③	Schneewittchen hatte eine böse Stiefmutter,	und verhilft einem verzauberten Frosch dadurch,		Reichtum, Glück und zu einem Königreich.
④	Der Ball einer Prinzessin fällt in den Brunnen	① frisst erst die Großmutter		von einem Prinzen wach geküsst.
⑤	Die sieben Schwaben waren nicht besonders schlau,	aus, als es erfuhr, dass jemand		fanden dann doch wieder den Weg nach Hause.
⑥	Rumpelstilzchen riss sich ein Bein	und verhalf seinem Herrn zu		dass er wieder zu einem Prinzen wird.
⑦	Der gestiefelte Kater war sehr schlau	wurden von einer Hexe bedroht und		und wenn sie nicht gestorben sind, dann leben sie noch heute.
⑧	Hänsel und Gretel verirrten sich im Wald,	Jahre und wurde dann endlich	①	und dann noch Rotkäppchen.
				wer die Schönste im ganzen Land ist.

Kontrolle: ... _____

Märchen* (156 Wörter) – Lösungen

1. Textbaustein	2. Textbaustein	3. Textbaustein
① Der große böse Wolf	③ die immer von ihrem Zauberspiegel wissen wollte,	⑤ und wunderten sich dann, dass es darin dunkel war.
② Dornröschen schlief einhundert	⑤ denn sie bauten zum Beispiel Häuser, die keine Fenster hatten	⑥ herausgefunden hatte, wie es hieß.
③ Schneewittchen hatte eine böse Stiefmutter,	④ und verhilft einem verzauberten Frosch dadurch,	⑦ Reichtum, Glück und zu einem Königreich.
④ Der Ball einer Prinzessin fällt in den Brunnen	① frisst erst die Großmutter	② von einem Prinzen wach geküsst.
⑤ Die sieben Schwaben waren nicht besonders schlau,	⑥ aus, als es erfuhr, dass jemand	⑧ fanden dann doch wieder den Weg nach Hause.
⑥ Rumpelstilzchen riss sich ein Bein	⑦ und verhalf seinem Herrn zu	④ dass er wieder zu einem Prinzen wird.
⑦ Der gestiefelte Kater war sehr schlau	⑧ wurden von einer Hexe bedroht und	und wenn sie nicht gestorben sind, dann leben sie noch heute.
⑧ Hänsel und Gretel verirrten sich im Wald,	② Jahre und wurde dann endlich	① und dann noch Rotkäppchen.
		③ wer die Schönste im ganzen Land ist.

Kontrolle: … und wenn sie nicht gestorben sind, dann leben sie noch heute.

Pflanzen (71 Wörter)

Spielregel:
- Lies die Sätze der Reihe nach.
- Entscheide, ob es stimmt oder nicht stimmt, was in den Sätzen steht, und kreuze die entsprechende Spalte an.
- Male im Bild unten die Felder mit den Zahlen aus, die hinter deinen Kreuzchen stehen (Bleistift oder ein Buntstift).
- **Selbstkontrolle:** Bild.

	stimmt		stimmt nicht
Reife Möhren sind immer grün.	1	X	6
In einigen Teilen von Deutschland wächst Wein.	12		7
Reife Möhren schmecken scharf und sauer.	5		4
Radieschen haben eine schwarze Knolle.	17		10
Radieschen wachsen im Boden und sind rot.	18		22
Reife Äpfel haben braune Kerne.	25		23
Unreife Äpfel sind immer blau.	21		9
Unreife Brombeeren sind rot und hart.	19		24
Apfelbäume blühen immer im Herbst.	20		11
Reife Äpfel können verschiedene Farben haben.	14		2
Der Saft von Birnen heißt Apfelsaft.	8		16
In Köln wachsen Ananas draußen auf den Bäumen.	15		13

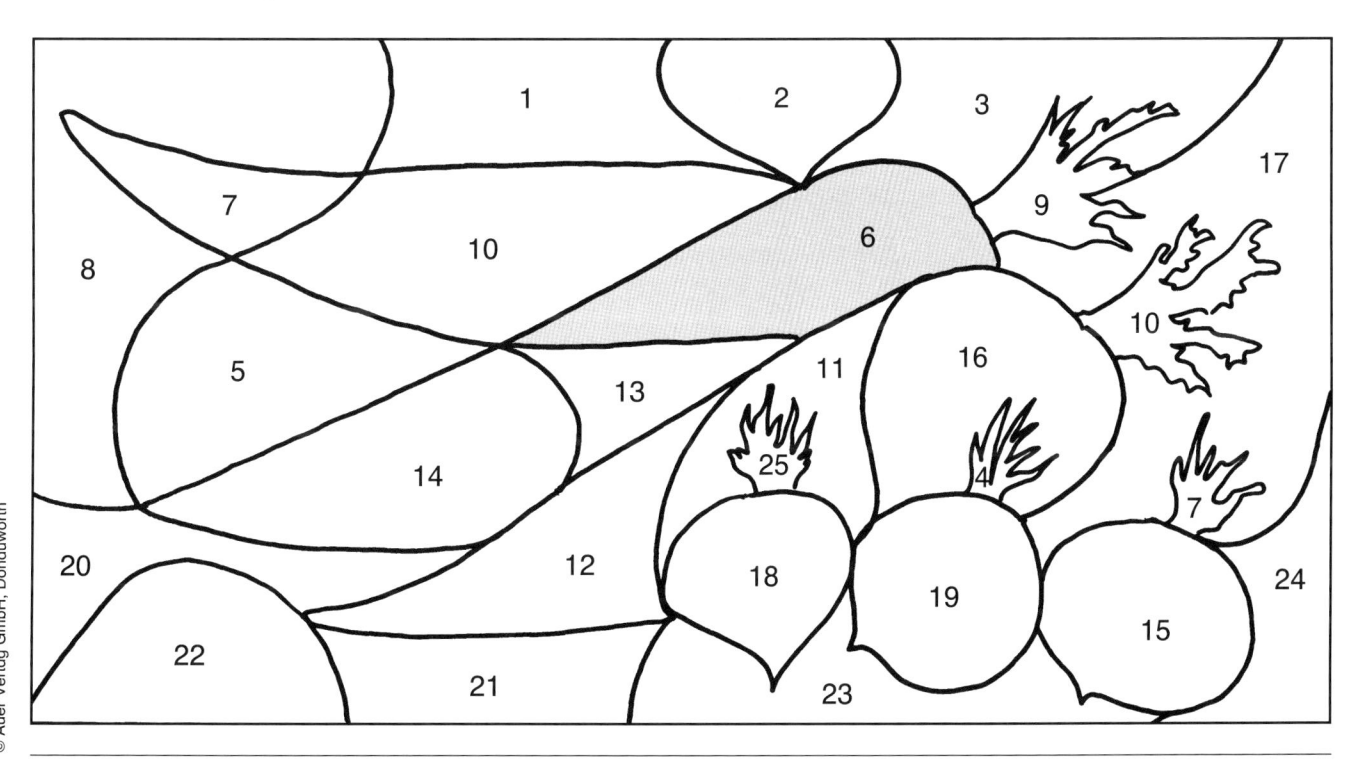

AUSMALEN

Pflanzen (71 Wörter) – Lösungen

	stimmt		stimmt nicht	
Reife Möhren sind immer grün.		1	X	6
In einigen Teilen von Deutschland wächst Wein.	X	12		7
Reife Möhren schmecken scharf und sauer.		5	X	4
Radieschen haben eine schwarze Knolle.		17	X	10
Radieschen wachsen im Boden und sind rot.	X	18		22
Reife Äpfel haben braune Kerne.	X	25		23
Unreife Äpfel sind immer blau.		21	X	9
Unreife Brombeeren sind rot und hart.	X	19		24
Apfelbäume blühen immer im Herbst.		20	X	11
Reife Äpfel können verschiedene Farben haben.	X	14		2
Der Saft von Birnen heißt Apfelsaft.		8	X	16
In Köln wachsen Ananas draußen auf den Bäumen.		15	X	13

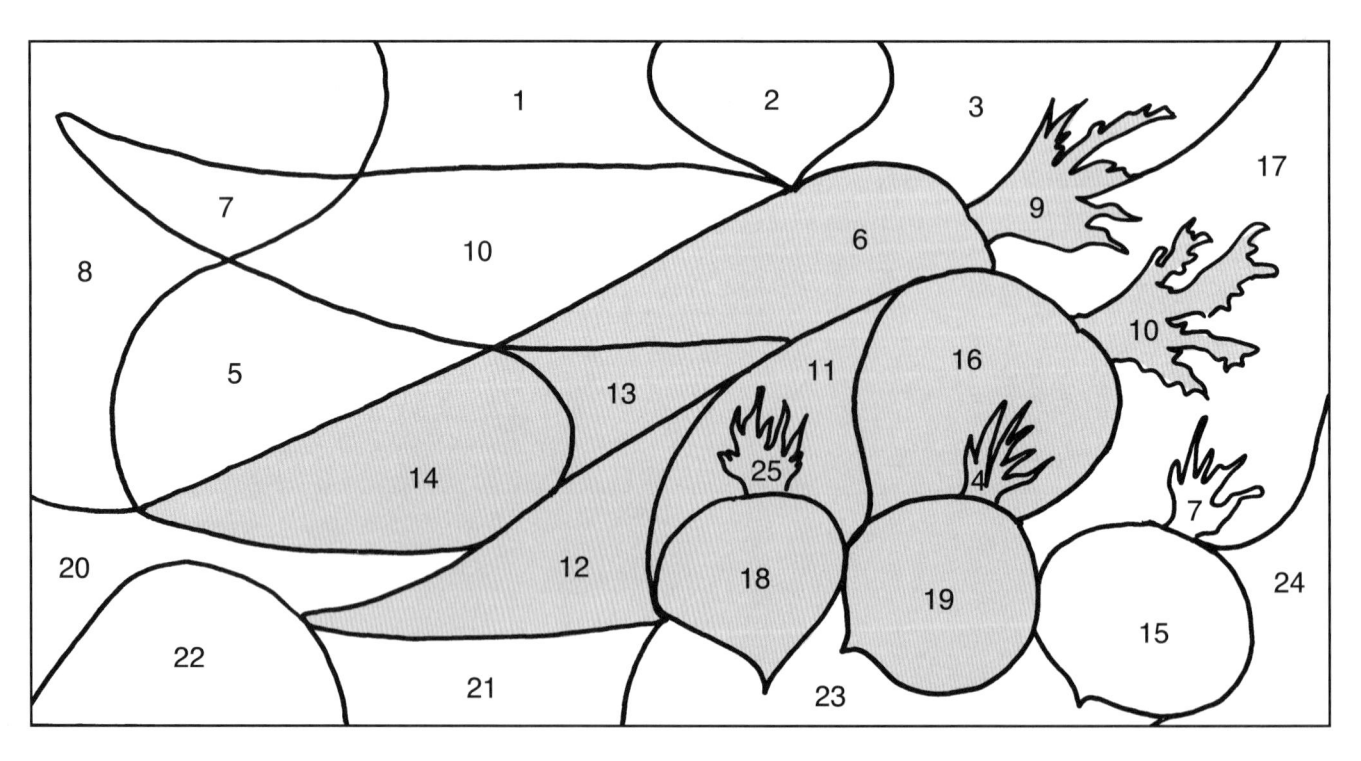

AUSMALEN

Pflanzen* (154 Wörter)

Spielregel:
- Lies die Sätze der Reihe nach.
- Entscheide, ob es stimmt oder nicht stimmt, was in den Sätzen steht, und kreuze die entsprechende Spalte an.
- Verbinde im Bild die Punkte so, wie es die Zahlen hinter deinen Kreuzchen angeben.
- **Selbstkontrolle:** Bild.

	stimmt		stimmt nicht	
Die essbaren Teile von Kartoffelpflanzen und Möhren wachsen unter der Erde.	X	6-2		1-2
Die Gärten bei den meisten Häusern sind größer als die Felder der Bauern.		3-7		7-8
Viele Leute haben in ihrem Garten Hafer und Weizen gepflanzt, aber keine Blumen.		2-3		10-14
Die Kartoffelpflanze enthält einen wichtigen Teil für unsere Nahrung.		16-15		3-4
Ein Traktor mit einem großen Pflug ist eine Maschine, die jeder gute Gärtner braucht.		4-5		12-11
Weizen und Roggen kann man zu Mehl mahlen und daraus Brot backen.		14-13		4-9
Ein Apfel ist nicht nur größer als eine Kirsche, er hat auch mehr Kerne.		8-9		5-10
Vater hat sich eine Leiter gekauft, weil er Kartoffeln ernten will.		8-12		2-7
Mein Freund aus Hamburg hat jetzt auf seinen Obstbäumen im Garten Bananen geerntet.		17-16		13-12
Die meisten Kinder mögen die Fritten, die aus Birnen gemacht werden.		17-12		15-6
Die Pflanzen im Garten wachsen nur gut, wenn sie genug Wasser und Licht bekommen.		9-10		18-19
Die Äpfel in meinem Garten haben eine so harte Schale, dass man sie nur mit dem Nussknacker öffnen kann.		19-14		11-16

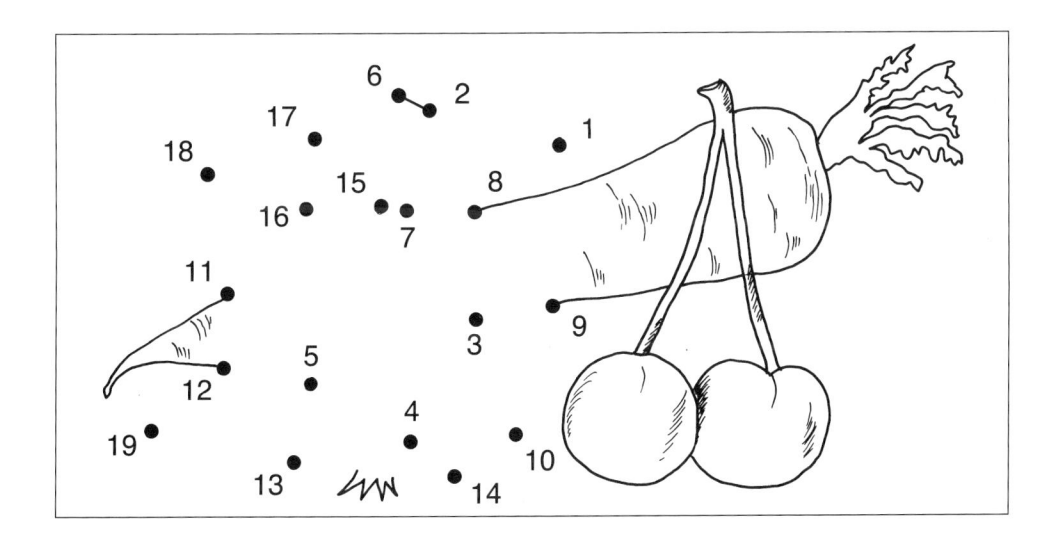

BILD AUS PUNKTEN

Pflanzen* (154 Wörter) – Lösungen

	stimmt		stimmt nicht	
Die essbaren Teile von Kartoffelpflanzen und Möhren wachsen unter der Erde.	X	6-2		1-2
Die Gärten bei den meisten Häusern sind größer als die Felder der Bauern.		3-7	X	7-8
Viele Leute haben in ihrem Garten Hafer und Weizen gepflanzt, aber keine Blumen.		2-3	X	10-14
Die Kartoffelpflanze enthält einen wichtigen Teil für unsere Nahrung.	X	16-15		3-4
Ein Traktor mit einem großen Pflug ist eine Maschine, die jeder gute Gärtner braucht.		4-5	X	12-11
Weizen und Roggen kann man zu Mehl mahlen und daraus Brot backen.	X	14-13		4-9
Ein Apfel ist nicht nur größer als eine Kirsche, er hat auch mehr Kerne.	X	8-9		5-10
Vater hat sich eine Leiter gekauft, weil er Kartoffeln ernten will.		8-12	X	2-7
Mein Freund aus Hamburg hat jetzt auf seinen Obstbäumen im Garten Bananen geerntet.		17-16	X	13-12
Die meisten Kinder mögen die Fritten, die aus Birnen gemacht werden.		17-12	X	15-6
Die Pflanzen im Garten wachsen nur gut, wenn sie genug Wasser und Licht bekommen.	X	9-10		18-19
Die Äpfel in meinem Garten haben eine so harte Schale, dass man sie nur mit dem Nussknacker öffnen kann.		19-14	X	11-16

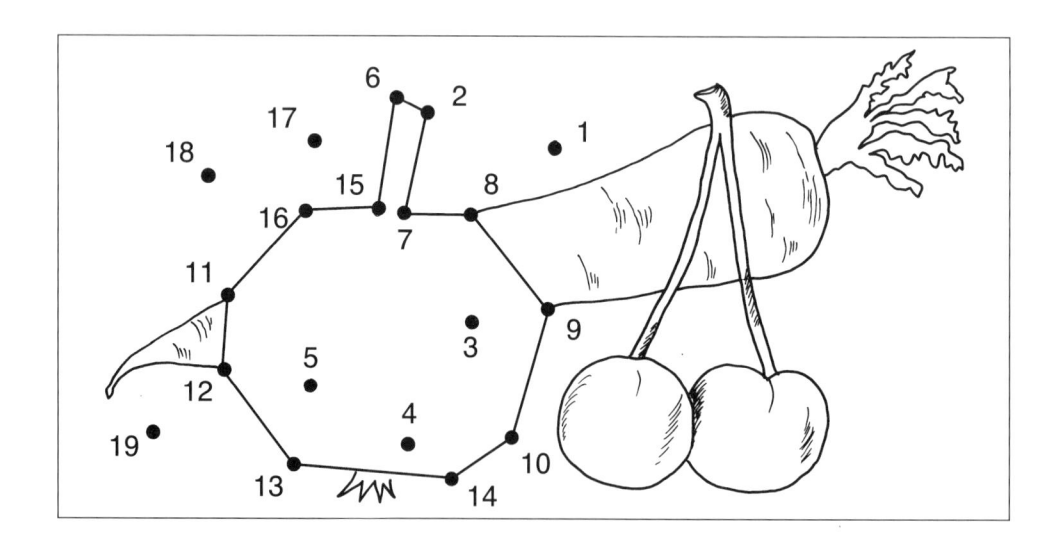

BILD AUS PUNKTEN

Pilze (63 Wörter)

Spielregel:
- Schneide alle kleinen Teile entlang der dicken Linien aus (✂).
- Lies den Text auf einem langen Streifen, suche ein passendes kleines Teil und lege dieses rechts daneben in das leere Feld im langen Streifen.
- Lies den Text auf dem nächsten langen Streifen, suche wieder das dazu passende kleine Teil und lege es in das leere Feld.
- Wiederhole dies so lange, bis alle Streifen belegt sind.
- Am rechten Rand der fertigen Streifen erhältst du der Reihe nach gelesen ein Wort, das du bei „Lösungswort" einträgst.
- **Selbstkontrolle:** Lösungswort.

hier auflegen:

1	Petra isst gern	
2	Petra und Klaus	
3	Petra und Klaus wollen	
4	Viele Pilze wachsen nur	
5	Nur ein kleines Stück vom Pilz wächst aus	

hier auflegen:

6	Einige Pilze	
7	Die meisten Pilze haben einen	
8	Oft ist der Schirm	
9	Einen roten Schirm mit weißen Punkten hat	
10	Gebraten schmecken	

Lösungswort:

ausschneiden:

dunkel-braun.	L	gehen in den Wald.	T	dem Boden.	N	im Wald.	I	der Fliegenpilz.	Z
Pilze.	S	Schirm.	I	Pilze sammeln.	E	Pilze besonders lecker.	E	sind sehr giftig.	P

GEHEIMSCHRIFT

Pilze (63 Wörter) – Lösungen

1	Petra isst gern	Pilze.	S
2	Petra und Klaus	gehen in den Wald.	T
3	Petra und Klaus wollen	Pilze sammeln.	E
4	Viele Pilze wachsen nur	im Wald.	I
5	Nur ein kleines Stück vom Pilz wächst aus	dem Boden.	N

6	Einige Pilze	sind sehr giftig.	P
7	Die meisten Pilze haben einen	Schirm.	I
8	Oft ist der Schirm	dunkelbraun.	L
9	Einen roten Schirm mit weißen Punkten hat	der Fliegenpilz.	Z
10	Gebraten schmecken	Pilze besonders lecker.	E

Lösungswort:

S	T	E	I	N	P	I	L	Z	E

Pilze* (99 Wörter)

Spielregel:
- Schneide alle kleinen Teile entlang der dicken Linien aus (✂).
- Lies den Text auf einem langen Streifen, suche ein passendes kleines Teil und lege dieses rechts daneben in das leere Feld im langen Streifen.
- Lies den Text auf dem nächsten langen Streifen, suche wieder das dazu passende kleine Teil und lege es in das leere Feld.
- Wiederhole dies so lange, bis alle Streifen belegt sind.
- Am rechten Rand der fertigen Streifen erhältst du der Reihe nach gelesen ein Wort, das du bei „Lösungswort" einträgst.
- **Selbstkontrolle:** Lösungswort.

hier auflegen:

1	Petra geht mit ihren Eltern in den Wald,	
2	Petra weiß, dass viele	
3	Es gibt auch Pilze,	
4	Wenn Petra einen Pilz findet, sieht	
5	Am Schirm und am Stiel kann Petra giftige	

hier auflegen:

6	Petra ist sich ziemlich sicher, dass sie	
7	Wenn Petra sich nicht sicher ist,	
8	Mutter sorgt dafür, dass keine giftigen Pilze	
9	Niemand soll krank werden oder	
10	Gesammelte Pilze müssen schnell verarbeitet werden,	

Lösungswort:

ausschneiden:

| alle giftigen Pilze kennt. | E | um Pilze zu sammeln. | P | die auf Wiesen wachsen. | L | gesammelt werden. | N | von essbaren Pilzen unterscheiden. | K |
| Pilze im Wald wachsen. | I | fragt sie ihre Mutter. | N | an giftigen Pilzen sterben. | E | sie ihn genau an. | Z | damit sie nicht verderben. | R |

GEHEIMSCHRIFT

Pilze* (99 Wörter) – Lösungen

1	Petra geht mit ihren Eltern in den Wald,	um Pilze zu sammeln.	P
2	Petra weiß, dass viele	Pilze im Wald wachsen.	I
3	Es gibt auch Pilze,	die auf Wiesen wachsen.	L
4	Wenn Petra einen Pilz findet, sieht	sie ihn genau an.	Z
5	Am Schirm und am Stiel kann Petra giftige	von essbaren Pilzen unterscheiden.	K

6	Petra ist sich ziemlich sicher, dass sie	alle giftigen Pilze kennt.	E
7	Wenn Petra sich nicht sicher ist,	fragt sie ihre Mutter.	N
8	Mutter sorgt dafür, dass keine giftigen Pilze	gesammelt werden.	N
9	Niemand soll krank werden oder	an giftigen Pilzen sterben.	E
10	Gesammelte Pilze müssen schnell verarbeitet werden,	damit sie nicht verderben.	R

Lösungswort:

P	I	L	Z	K	E	N	N	E	R

Rätselaufgaben (84 Wörter)

Spielregel:
- Schneide alle Puzzleteile aus.
- Lies den ersten Satz im Spielplan, löse das Rätsel und lege das Puzzleteil mit der dazu passenden Antwort auf den Platz unter dem Satz.
- Mach es mit den anderen Sätzen ebenso.
- **Selbstkontrolle:** Bildfigur.
- **Tipp:** Aufkleben!

Spielplan

Dieser Baum trägt leckere Früchte:	Du kannst damit hören:	Ein Wochentag heißt so:
Dieser Baum hat keine Blätter:	Dieses Tier legt Eier:	Gesucht ist der Name eines Monats:
Sie zeigt die Zeit an:	So nennst du die Mutter deiner Mutter:	Du kannst damit kauen:
Dieses Tier gibt Milch:	Du kannst damit riechen:	Dieses Tier hat Flossen und lebt im Wasser:

Puzzleteile

der Kirschbaum.	mit der Nase	die Uhr.
mit den Ohren.	Oma.	die Kuh.
der Fisch.	mit den Zähnen.	das Huhn.
April.	Freitag.	die Tanne.

Rätselaufgaben (84 Wörter) – Lösungen

Dieser Baum trägt leckere Früchte:	Du kannst damit hören:	Ein Wochentag heißt so:
der Kirschbaum.	mit den Ohren.	Freitag.
Dieser Baum hat keine Blätter:	Dieses Tier legt Eier:	Gesucht ist der Name eines Monats:
die Tanne.	das Huhn.	April.
Sie zeigt die Zeit an:	So nennst du die Mutter deiner Mutter:	Du kannst damit kauen:
die Uhr.	Oma.	mit den Zähnen.
Dieses Tier gibt Milch:	Du kannst damit riechen:	Dieses Tier hat Flossen und lebt im Wasser:
die Kuh.	mit der Nase.	der Fisch.

Rätselaufgaben* (162 Wörter)

Spielregel:
- Schneide alle Puzzleteile aus.
- Lies den ersten Satz im Spielplan, löse das Rätsel und lege das Puzzleteil mit der dazu passenden Antwort auf den Platz unter dem Satz.
- Mach es mit den anderen Sätzen ebenso.
- **Selbstkontrolle:** Bildfigur.
- **Tipp:** Aufkleben!

Spielplan

Nur wenn die Sonne scheint, bin ich bei dir, wo du gehst oder stehst.	Ich bin sehr klein und trage dennoch mein Haus auf dem Rücken.	Streichst du mir meinen Kopf, so brennt mein Kopf und dann mein ganzer Körper.
Du brauchst mich, wenn du durstig oder schmutzig bist.	Ich sammle Süßes und habe meine spitze Waffe immer dabei.	Ich gehe immer weiter und bleibe doch an derselben Stelle.
Ich habe vier Füße, doch ich kann nicht gehen.	Ich habe ein weißes Glöckchen und läute sehr früh im Frühlingswind.	Obwohl ich weder Hand noch Pinsel habe, zeichne ich dich genauer als ein Maler.
Ich habe keine Flügel und fliege doch, aber nur an einer Schnur im Wind.	Weil ich keine Räder habe, kannst du mit mir nur im Winter fahren.	Ich habe keine Füße und kann doch springen.

Puzzleteile

Der Schatten.	Der Ball.	Der Drachen.
Der Tisch.	Die Schnecke.	Das Schneeglöckchen.
Die Uhr.	Der Schlitten.	Das Wasser.
Der Spiegel.	Die Biene.	Das Streichholz.

Rätselaufgaben* (162 Wörter) – Lösungen

Nur wenn die Sonne scheint, bin ich bei dir, wo du gehst oder stehst.	Ich bin sehr klein und trage dennoch mein Haus auf dem Rücken.	Streichst du mir meinen Kopf, so brennt mein Kopf und dann mein ganzer Körper.
Der Schatten.	Die Schnecke.	Das Streichholz.
Du brauchst mich, wenn du durstig oder schmutzig bist.	Ich sammle Süßes und habe meine spitze Waffe immer dabei.	Ich gehe immer weiter und bleibe doch an derselben Stelle.
Das Wasser.	Die Biene.	Die Uhr.
Ich habe vier Füße, doch ich kann nicht gehen.	Ich habe ein weißes Glöckchen und läute sehr früh im Frühlingswind.	Obwohl ich weder Hand noch Pinsel habe, zeichne ich dich genauer als ein Maler.
Der Tisch.	Das Schneeglöckchen.	Der Spiegel.
Ich habe keine Flügel und fliege doch, aber nur an einer Schnur im Wind.	Weil ich keine Räder habe, kannst du mit mir nur im Winter fahren.	Ich habe keine Füße und kann doch springen.
Der Drachen.	Der Schlitten.	Der Ball.

Rätselfragen (94 Wörter)

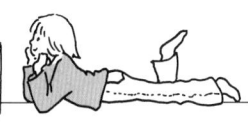

Was hat immer das letzte Wort?	Welcher Hut gehört nicht auf den Kopf?	Der Bienenstich (Kuchen).	Die Fledermaus.	Der Fingerhut.	Welche Maus kann fliegen?
Der Wasserspiegel.	Im Kindergarten.	Welches Tier ist dem Huhn am ähnlichsten?	Welcher Spiegel kann nicht zerbrechen?	Welches Haus hat keine Fenster?	Der Schneemann.
Das Echo.	Welche Rose hat keine Dornen?	Der Löwenzahn (Pflanze).	Welcher Stich ist süß?	Welcher Zahn kann nicht beißen?	Die Seerose.
Welchen Becher benutzt man nicht zum trinken?	Der Hahn.	Welcher Mann hasst die Sonne?	Den Aschenbecher.	Das Schneckenhaus.	In welchem Garten muss man kein Unkraut ziehen?

Spielregel:
- Schneide alle Dominokärtchen aus.
- Suche ein beliebiges Kärtchen aus und lies das Rätse..
- Lege das Kärtchen mit der Lösung rechts daneben.
- Löse das Rätsel auf dem angelegten Kärtchen und so weiter.
- **Selbstkontrolle:** Ein langes Bild in der Mitte des Dominostreifens.

(STREIFEN-)DOMINO

Rätselfragen (94 Wörter) – Lösungen

Was hat immer das letzte Wort?	Das Echo.	Welcher Stich ist süß?	Der Bienenstich (Kuchen).	Welche Rose hat keine Dornen?	Die Seerose.
Welchen Becher benutzt man nicht zum trinken?	Der Wasserspiegel.	Welches Tier ist dem Huhn am ähnlichsten?	Der Hahn.	In welchem Garten muss man kein Unkraut ziehen?	Die Fledermaus.
Welcher Hut gehört nicht auf den Kopf?	Der Fingerhut.	Welcher Zahn kann nicht beißen?	Den Aschenbecher.	Welche Maus kann fliegen?	Welcher Spiegel kann nicht zerbrechen?
Welches Haus hat keine Fenster?	Im Kindergarten.	Das Schneckenhaus.	Welcher Mann hasst die Sonne?	Der Löwenzahn (Pflanze).	Der Schneemann.

Rätselfragen* (160 Wörter)

Du selbst.	Welches Ding hat viele Zähne, kann aber nicht beißen?	Die Nuss.	Wer ist das? Es ist das Kind deiner Mutter, aber nicht dein Bruder oder deine Schwester.	Das Zahnrad.	Welches Tier lebt im Wasser und glänzt wie Gold?
Was hat fünf Finger, ist aber nicht die Hand?	Der Februar.	Welches Tier ist von allen Tieren der Katze am ähnlichsten?	Das Schloss.	Welches Ding findest du grün am Baum oder weiß in jedem Buch?	Der Kater.
Welche Frucht ist außen hart und innen weich?	Welches Tier frisst mit zwei Löffeln gleichzeitig?	Der Goldfisch.	Der Floh.	Der Hase.	Welches Tier ist klein wie ein Stecknadelkopf, springt aber wie ein Weltmeister?
Die Augen.	Der Handschuh.	Welcher Monat hat einen langen Namen, obwohl er kürzer ist als alle anderen?	Was ist das? Aus Eisen findest du es in jeder Tür, aus Stein als Wohnhaus der Könige.	Welche zwei stehen nebeneinander, sehen sehr gut und können sich doch gegenseitig nicht sehen?	Das Blatt.

Spielregel:
- Schneide alle Dominokärtchen aus.
- Suche ein beliebiges Kärtchen aus und lies das Rätse..
- Lege das Kärtchen mit der Lösung rechts daneben.
- Löse das Rätsel auf dem angelegten Kärtchen und so weiter.
- **Selbstkontrolle:** Ein langes Bild in der Mitte des Dominostreifens.

(STREIFEN-)DOMINO

Rätselfragen* (160 Wörter) – Lösungen

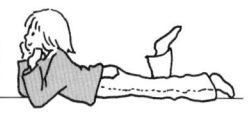

Du selbst.	Welches Tier frisst mit zwei Löffeln gleichzeitig?	Der Hase.	Welche Frucht ist außen hart und innen weich?	Die Nuss.	Welches Tier lebt im Wasser und glänzt wie Gold?
Was hat fünf Finger, ist aber nicht die Hand?	Der Handschuh.	Welche zwei stehen nebeneinander, sehen sehr gut und können sich doch gegenseitig nicht sehen?	Die Augen.	Welches Tier ist von allen Tieren der Katze am ähnlichsten?	Der Kater.
Welches Ding hat viele Zähne, kann aber nicht beißen?	Das Zahnrad.	Welches Tier ist klein wie ein Stecknadelkopf, springt aber wie ein Weltmeister?	Der Floh.	Wer ist das? Es ist das Kind deiner Mutter, aber nicht dein Bruder oder deine Schwester.
Der Goldfisch.	Welches Ding findest du grün am Baum oder weiß in jedem Buch?	Das Blatt.	Was ist das? Aus Eisen findest du es in jeder Tür, aus Stein als Wohnhaus der Könige.	Das Schloss.
Welcher Monat hat einen langen Namen, obwohl er kürzer ist als alle anderen?	Der Februar.

(STREIFEN-)DOMINO

Schule (82 Wörter)

Spielregel:
- Lies die Sätze aufmerksam durch.
- In jedem Satz steht ein Wort, welches vom Sinn her nicht hineinpasst.
- Unterstreiche dieses unpassende Wort.
- Notiere alle unterstrichenen (unpassenden) Wörter der Reihe nach bei „Rätsel".
- Löse anschließend die Rätselaufgabe.
- **Selbstkontrolle:** Lösungswort des Rätsels.

1. Die meisten Kinder gehen jeden Morgen weiß gerne zur Schule.
2. Der Unterricht man wird von Lehrerinnen und Lehrern im Klassenraum durchgeführt.
3. Die wichtigsten Unterrichtsfächer kann sind Deutsch, Mathematik, Sachunterricht, Religion, Sport, Kunst und Musik.
4. Zwischen den Stunden sind damit Pausen auf dem Schulhof.
5. Eine Unterrichtsstunde dauert in in der Regel 45 Minuten.
6. Der Unterricht beginnt der morgens meistens um 8 Uhr.
7. Es gibt dort meistens Schule mehrere Klassen für das erste bis vierte Schuljahr.
8. Die Grundschule ist für alle Kinder ab 6 schreiben Jahren da.

Rätsel: Es ist weiß, _____ _____ _____ __ ___ _____ _____ .

Lösungswort: _____

(es enthält die Buchstaben D, E, E, I, K, R)

Schule (82 Wörter) – Lösungen

1. Die meisten Kinder gehen jeden Morgen <u>weiß</u> gerne zur Schule.
2. Der Unterricht <u>man</u> wird von Lehrerinnen und Lehrern im Klassenraum durchgeführt.
3. Die wichtigsten Unterrichtsfächer <u>kann</u> sind Deutsch, Mathematik, Sachunterricht, Religion, Sport, Kunst und Musik.
4. Zwischen den Stunden sind <u>damit</u> Pausen auf dem Schulhof.
5. Eine Unterrichtsstunde dauert <u>in</u> in der Regel 45 Minuten.
6. Der Unterricht beginnt <u>der</u> morgens meistens um 8 Uhr.
7. Es gibt dort meistens <u>Schule</u> mehrere Klassen für das erste bis vierte Schuljahr.
8. Die Grundschule ist für alle Kinder ab 6 <u>schreiben</u> Jahren da.

Rätsel: Es ist <u>weiß, man kann damit in der Schule schreiben.</u>

Lösungswort: KREIDE

(WÖRTERSUCH-)RÄTSEL

Schule* (104 Wörter)

Spielregel:
- In den Sätzen gibt es immer 2 falsche Behauptungen.
- Lies die Sätze genau und überlege, welche Behauptungen die richtigen sind, das heißt, welche am besten passen.
- Unterstreiche die richtigen Behauptungen (Wörter) und Zahlen.
- Suche im Bild die Zahlen, die hinter den unterstrichenen Wörtern stehen und verbinde die danebenstehenden Punkte im Bild.
- **Selbstkontrolle:** Bildfigur.

In der Schule

1. Die Kinder besuchen die Schule, um dort ganz viel zu lernen (1-2-3) – nur zu schlafen (4-5-6) – zu träumen (7-8-9).

2. In jeder Klasse stehen Autos (24-25-26) – Stühle (32-33-35) – Betten (27-30-31), damit sich die Kinder setzen können.

3. Eine Putzfrau (18-19-21) – Der Hausmeister (10-11-12) – Der Rektor (30-31-32) leitet die Schule und sorgt dafür, dass alles richtig funktioniert.

4. In Mathematik lernt man sprechen (1-2-11) – rechnen (15-18-19) – lesen (1-24-25).

5. Außerdem lernt man in Mathematik alle Zahlen (35-36-1) – Buchstaben (11-12-15) – Wörter (33-34-35) kennen.

6. Die Grundschule ist für alle (19-20-25) – viele (19-20-24) – besondere (3-11-24) Kinder da und dauert normalerweise vier Jahre.

7. Die Unterrichtsstunden dauern nur hundert (10-12-15) – sechzig (27-30-31) – fünfundvierzig (25-26-30) Minuten, damit sich die Kinder nicht so lange konzentrieren müssen.

8. Zum Schulbesuch muss man immer (3-10-15) – oft (32-34-1) – nie (24-25-26) pünktlich und regelmäßig erscheinen.

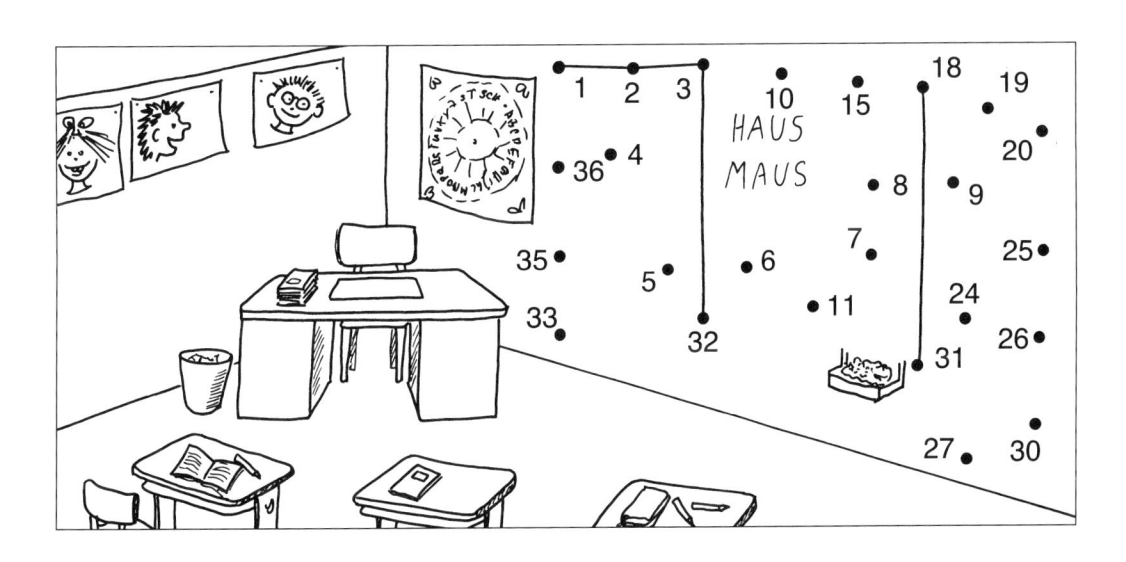

Schule* (104 Wörter) – Lösungen

In der Schule

1. Die Kinder besuchen die Schule, um dort ganz viel zu lernen (1-2-3) – nur zu schlafen (4-5-6) – zu träumen (7-8-9).

2. In jeder Klasse stehen Autos (24-25-26) – Stühle (32-33-35) – Betten (27-30-31), damit sich die Kinder setzen können.

3. Eine Putzfrau (18-19-21) – Der Hausmeister (10-11-12) – Der Rektor (30-31-32) leitet die Schule und sorgt dafür, dass alles richtig funktioniert.

4. In Mathematik lernt man sprechen (1-2-11) – rechnen (15-18-19) – lesen (1-24-25).

5. Außerdem lernt man in Mathematik alle Zahlen (35-36-1) – Buchstaben (11-12-15) – Wörter (33-34-35) kennen.

6. Die Grundschule ist für alle (19-20-25) – viele (19-20-24) – besondere (3-11-24) Kinder da und dauert normalerweise vier Jahre.

7. Die Unterrichtsstunden dauern nur hundert (10-12-15) – sechzig (27-30-31) – fünfundvierzig (25-26-30) Minuten, damit sich die Kinder nicht so lange konzentrieren müssen.

8. Zum Schulbesuch muss man immer (3-10-15) – oft (32-34-1) – nie (24-25-26) pünktlich und regelmäßig erscheinen.

BILD AUS PUNKTEN

Sport und Spiele (99 Wörter)

Spielregel:
- Schneide alle Puzzleteile aus.
- Lies den ersten Satz im Spielplan, errate die Sportart, und lege das Puzzleteil mit dem dazu passenden Wort auf den Platz unter dem Satz.
- Mach es mit den anderen Sätzen ebenso.
- **Selbstkontrolle:** Bildfigur.
- **Tipp:** Aufkleben!

Spielplan

Jeder der beiden Spieler hat einen Schläger.	Du brauchst ein Fahrzeug mit zwei Rädern.	Jeder gleitet einzeln (ohne Mannschaft) über das Eis.
In dieser Sportart siegt der Schnellste zu Fuß.	Zwei Mannschaften treten einen Ball mit den Füßen.	Auf zwei Brettern fährst du durch den Schnee.
Unter den Schuhen hast du Rollen.	Zwei Mannschaften spielen einen Ball mit den Händen.	Das Wichtigste für diesen Sport ist Wasser.
Du brauchst ein Fahrzeug mit vier Rädern und Motor.	Ohne Pferd geht es nicht.	Zwei Mannschaften spielen auf einer Eisfläche.

Puzzleteile

Tennis	Handball	Fußball
Schlittschuhlaufen	Skilaufen	Reiten
Eishockey	Fahrradfahren	Gokartfahren
Rollschuhlaufen	Schwimmen	Wettlauf

Sport und Spiele (99 Wörter) – Lösungen

Jeder der beiden Spieler hat einen Schläger.	Du brauchst ein Fahrzeug mit zwei Rädern.	Jeder gleitet einzeln (ohne Mannschaft) über das Eis.
Tennis	Fahrradfahren	Schlittschuhlaufen
In dieser Sportart siegt der Schnellste zu Fuß.	Zwei Mannschaften treten einen Ball mit den Füßen.	Auf zwei Brettern fährst du durch den Schnee.
Wettlauf	Fußball	Skilaufen
Unter den Schuhen hast du Rollen.	Zwei Mannschaften spielen einen Ball mit den Händen.	Das Wichtigste für diesen Sport ist Wasser.
Rollschuhlaufen	Handball	Schwimmen
Du brauchst ein Fahrzeug mit vier Rädern und Motor.	Ohne Pferd geht es nicht.	Zwei Mannschaften spielen auf einer Eisfläche.
Gokartfahren	Reiten	Eishockey

Sport und Spiele* (192 Wörter)

Spielregel:
- Schneide alle Puzzleteile aus.
- Lies den ersten Satz im Spielplan, errate die Sportart, und lege das Puzzleteil mit dem dazu passenden Wort auf den Platz unter dem Satz.
- Mach es mit den anderen Sätzen ebenso.
- **Selbstkontrolle:** Bildfigur.
- **Tipp:** Aufkleben!

Spielplan

Bevor es los geht, zeichnest du ein Muster auf den Boden, auf dem du herumspringst.	Zwei Spieler spielen mit Schlägern und einem kleinen, weißen Ball an einem Tisch.	Ein Kind läuft weg und die anderen müssen es suchen und fangen.
Mindestens drei Spieler teilen sich die Karten und versuchen, immer vier ähnliche zu sammeln.	Zwei Mannschaften wollen einen Ball mit den Füßen oder dem Kopf in das gegnerische Tor bringen.	Zwei Mannschaften kämpfen um einen Ball, den sie in das gegnerische Tor werfen wollen.
Zwei Mannschaften spielen auf dem Eis mit Schlägern und mit einer kleinen schwarzen Scheibe auf zwei kleine Tore.	Jeder Mitspieler hat einen kleinen Ball, den er mit einem Schläger mit wenigen Schlägen in ein Loch schlagen will.	Du sitzt allein vor einem Bildschirm und bedienst einen Joystick.
Du brauchst mindestens noch einen Mitspieler, ein besonderes Spielbrett, einen Würfel und vier Setzer für jeden Spieler.	Bei diesem Spiel kommt es darauf an, aus vielen Einzelteilen ein Bild zusammenzusetzen.	Jeder Mitspieler muss zeigen, wie viele Sprünge er nacheinander machen kann, ohne sich zu verfangen.

Puzzleteile

Hüpfen	Quartett spielen	Minigolf
Verstecken	Eishockey	Tischtennis
Seilspringen	Handball	„Mensch ärgere dich nicht"
Fußball	Computerspiel	Puzzle

Sport und Spiele* (192 Wörter) – Lösungen

Bevor es los geht, zeichnest du ein Muster auf den Boden, auf dem du herumspringst.	Zwei Spieler spielen mit Schlägern und einem kleinen, weißen Ball an einem Tisch.	Ein Kind läuft weg und die anderen müssen es suchen und fangen.
Hüpfen	Tischtennis	Verstecken
Mindestens drei Spieler teilen sich die Karten und versuchen, immer vier ähnliche zu sammeln.	Zwei Mannschaften wollen einen Ball mit den Füßen oder dem Kopf in das gegnerische Tor bringen.	Zwei Mannschaften kämpfen um einen Ball, den sie in das gegnerische Tor werfen wollen.
Quartett spielen	Fußball	Handball
Zwei Mannschaften spielen auf dem Eis mit Schlägern und mit einer kleinen schwarzen Scheibe auf zwei kleine Tore.	Jeder Mitspieler hat einen kleinen Ball, den er mit einem Schläger mit wenigen Schlägen in ein Loch schlagen will.	Du sitzt allein vor einem Bildschirm und bedienst einen Joystick.
Eishockey	Minigolf	Computerspiel
Du brauchst mindestens noch einen Mitspieler, ein besonderes Spielbrett, einen Würfel und vier Setzer für jeden Spieler.	Bei diesem Spiel kommt es darauf an, aus vielen Einzelteilen ein Bild zusammenzusetzen.	Jeder Mitspieler muss zeigen, wie viele Sprünge er nacheinander machen kann, ohne sich zu verfangen.
„Mensch ärgere dich nicht"	Puzzle	Seilspringen

Strand (66 Wörter)

Spielregel:
- Schneide alle kleinen Teile entlang der dicken Linien aus (✂).
- Lies den Text auf einem langen Streifen, suche ein passendes kleines Teil und lege dieses rechts daneben in das leere Feld im langen Streifen.
- Lies den Text auf dem nächsten langen Streifen, suche wieder das dazu passende kleine Teil und lege es in das leere Feld.
- Wiederhole dies so lange, bis alle Streifen belegt sind.
- Am rechten Rand der fertigen Streifen erhältst du der Reihe nach gelesen ein Wort, das du bei „Lösungswort" einträgst.
- **Selbstkontrolle:** Lösungswort.

hier auflegen:

1	Im Sand findet man schöne	
2	Vor dem Strand befindet sich	
3	Bei Wind bekommt das Meer	
4	Die Kinder spielen im Sand	
5	Das Wasser im Meer ist	

hier auflegen:

6	Der Sand am Strand besteht aus vielen	
7	Auf dem Wasser fahren einige	
8	Viele Personen liegen in der	
9	Faulenzen am Strand macht	
10	Über dem Strand ist ein wolkenloser, blauer	

Lösungswort: _____

ausschneiden:

große Wellen.	N	Sand-körnern.	T	Muscheln.	S	Boote.	R	salzig.	S
Himmel.	D	mit Förmchen.	D	Spaß.	N	das Meer.	A	Sonne.	A

GEHEIMSCHRIFT

Strand (66 Wörter) – Lösungen

1	Im Sand findet man schöne	Muscheln.	S
2	Vor dem Strand befindet sich	das Meer.	A
3	Bei Wind bekommt das Meer	große Wellen.	N
4	Die Kinder spielen im Sand	mit Förmchen.	D
5	Das Wasser im Meer ist	salzig.	S
6	Der Sand am Strand besteht aus vielen	Sandkörnern.	T
7	Auf dem Wasser fahren einige	Boote.	R
8	Viele Personen liegen in der	Sonne.	A
9	Faulenzen am Strand macht	Spaß.	N
10	Über dem Strand ist ein wolkenloser, blauer	Himmel.	D

Lösungswort: SANDSTRAND

Strand* (105 Wörter)

Spielregel:
- Überlege, ob die folgenden Behauptungen richtig oder falsch sind.
- Kreuze deine Antwort in der Tabelle an.
- Suche im Bild unten die Zahlen, bei denen du in der Tabelle ein Kreuz gemacht hast, und verbinde die danebenstehenden Punkte im Bild.
- **Selbstkontrolle:** Bildfigur.

	richtig		falsch	
Am Strand machen viele Menschen Urlaub, weil sie dort so richtig faulenzen können.	X	1-2-5		4-5-6
Kinder bauen gerne hohe Sandburgen und backen verschiedene Kuchen aus Sand.		20-24-25		3-4-5
Jeden Tag gibt es alle zwei Stunden gleichzeitig Ebbe und Flut.		10-11-12		10-12-15
Bei Ebbe darf man auf keinen Fall am Strand bleiben, da dies sehr gefährlich ist.		20-23-17		27-30-33
Viele Strände eignen sich auch gut zum Ballspielen, wenn nicht zu viele Menschen anwesend sind.		15-18-20		15-17-20
In südlichen Ländern braucht man keinen Sonnenschirm, da die Sonne immer hinter Wolken steht.		1-23-24		10-7-5
Leider ist es oft am Strand sehr voll, weil viele Menschen gerne dorthin wollen.		33-35-1		28-30-1
Wenn man am Strand tief genug buddelt, stößt man irgendwann auf Wasser.		25-26-27		33-4-18

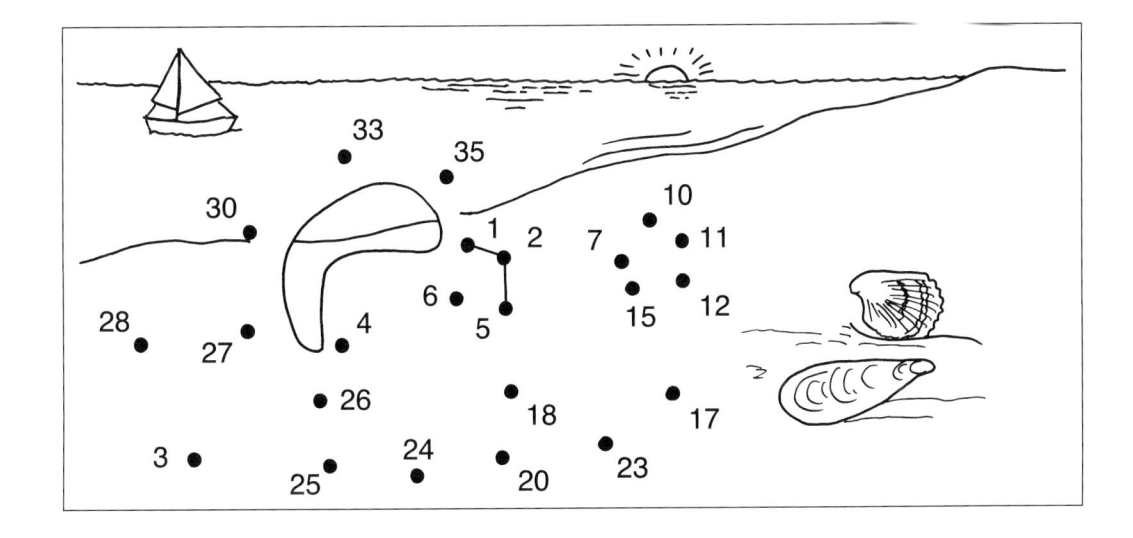

BILD AUS PUNKTEN

Strand* (105 Wörter) – Lösungen

	richtig		falsch	
Am Strand machen viele Menschen Urlaub, weil sie dort so richtig faulenzen können.	X	**1-2-5**		4-5-6
Kinder bauen gerne hohe Sandburgen und backen verschiedene Kuchen aus Sand.	X	**20-24-25**		3-4-5
Jeden Tag gibt es alle zwei Stunden gleichzeitig Ebbe und Flut.		10-11-12	X	**10-12-15**
Bei Ebbe darf man auf keinen Fall am Strand bleiben, da dies sehr gefährlich ist.		20-23-17	X	**27-30-33**
Viele Strände eignen sich auch gut zum Ballspielen, wenn nicht zu viele Menschen anwesend sind.	X	**15-18-20**		15-17-20
In südlichen Ländern braucht man keinen Sonnenschirm, da die Sonne immer hinter Wolken steht.		1-23-24	X	**10-7-5**
Leider ist es oft am Strand sehr voll, weil viele Menschen gerne dorthin wollen.	X	**33-35-1**		28-30-1
Wenn man am Strand tief genug buddelt, stößt man irgendwann auf Wasser.	X	**25-26-27**		33-4-18

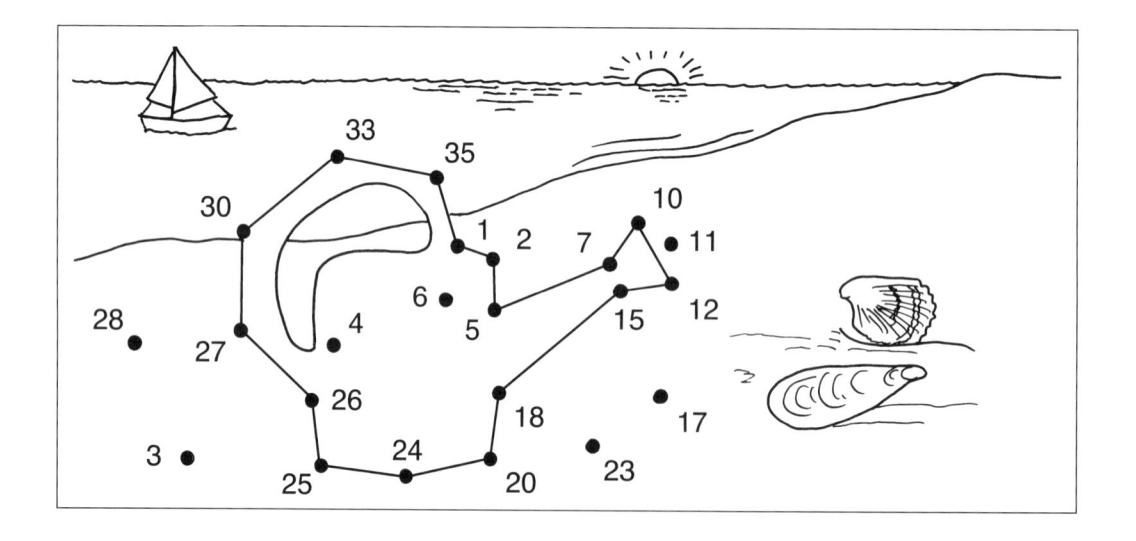

66   BILD AUS PUNKTEN

Tiere in Haus und Garten (57 Wörter)

Spielregel:
- Lies die Sätze der Reihe nach.
- Entscheide, ob es stimmt oder nicht stimmt, was in den Sätzen steht, und kreuze entsprechend an.
- Male im Bild die Felder mit den Zahlen aus, die hinter deinen Kreuzchen stehen (Bleistift oder 1 Buntstift).
- **Selbstkontrolle:** Bild.

	stimmt		stimmt nicht	
Hasen haben meist ein weiches Fell.	X	11		3
Die Hasen haben ein rotes Fell.		5		6
Meerschweinchen fressen gern Salat.		12		17
Meerschweinchen fressen keine Möhren.		20		13
Hunde machen „Miau"		23		19
Hunde bellen.		10		1
Papageien haben ein dichtes Fell.		22		15
Mäuse werden größer als Meerschweinchen.		2		7
Papageien haben ein buntes Federkleid.		9		4
Mäuse fressen gern Körner und Speck.		18		24
Katzen können auf Bäume klettern.		16		21
Alle Hunde können auf Bäume klettern.		8		14

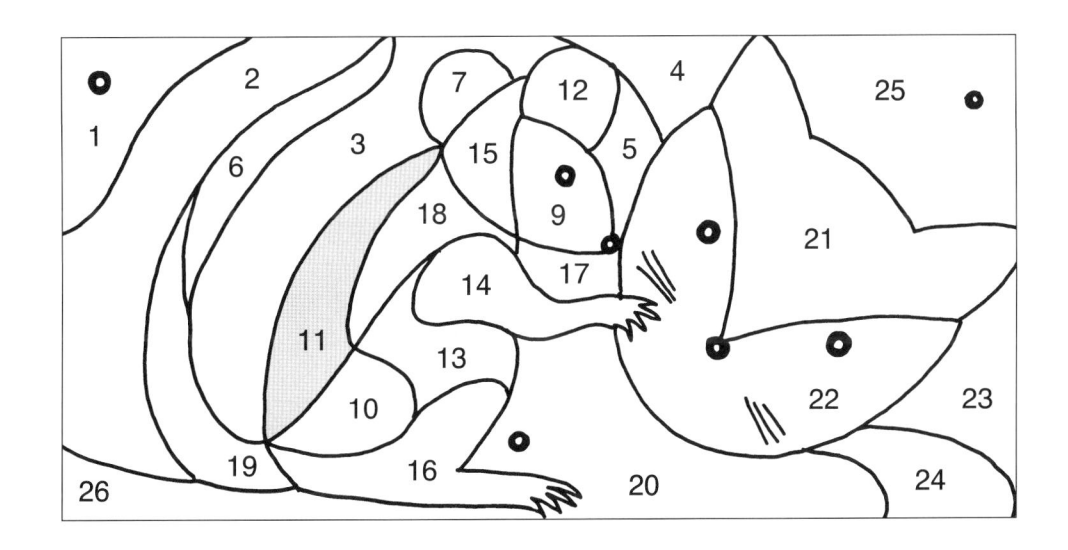

AUSMALEN

Tiere in Haus und Garten (57 Wörter) – Lösungen

	stimmt		stimmt nicht	
Hasen haben meist ein weiches Fell.	X	11		3
Die Hasen haben ein rotes Fell.		5	X	6
Meerschweinchen fressen gern Salat.	X	12		17
Meerschweinchen fressen keine Möhren.		20	X	13
Hunde machen „Miau"		23	X	19
Hunde bellen.	X	10		1
Papageien haben ein dichtes Fell.		22	X	15
Mäuse werden größer als Meerschweinchen.		2	X	7
Papageien haben ein buntes Federkleid.	X	9		4
Mäuse fressen gern Körner und Speck.	X	18		24
Katzen können auf Bäume klettern.	X	16		21
Alle Hunde können auf Bäume klettern.		8	X	14

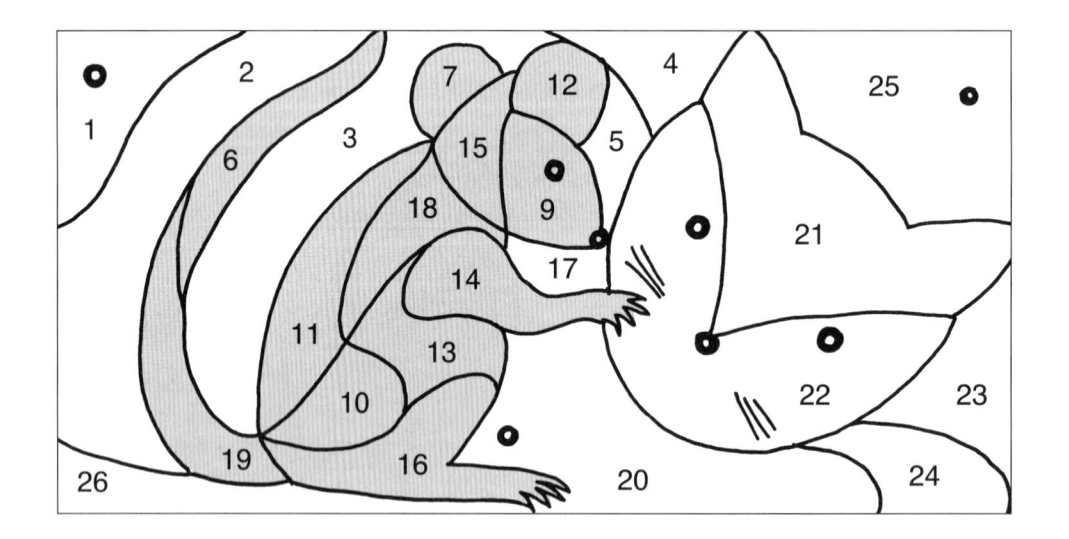

AUSMALEN

Tiere in Haus und Garten* (146 Wörter)

Spielregel:
- Lies die Sätze der Reihe nach.
- Entscheide, ob es stimmt oder nicht stimmt, was in den Sätzen steht, und kreuze entsprechend an.
- Male im Bild die Felder mit den Zahlen aus, die hinter deinen Kreuzchen stehen (Bleistift oder 1 Buntstift).
- **Selbstkontrolle:** Bild.

	stimmt		stimmt nicht
Igel können viel schneller laufen als Hasen, aber nur wenn sie Angst haben.	8	X	7
Igel sind nützliche Tiere, die oft im Garten leben.	13		1
Bei Gefahr können Igel ihre Stacheln auf ihre Feinde abschießen und dann schnell weglaufen.	3		18
Wenn sich ein Igel und eine Schnecke im Garten begegnen, läuft der Igel vor Angst davon.	21		11
Viele Schnecken tragen ihr Haus auf dem Rücken, andere tun das aber nicht.	6		2
Wenn der Igel Angst hat, rollt er sich zu einer stacheligen Kugel zusammen.	12		22
Igel legen Eier, die die Hasen für sie ausbrüten.	20		14
Manche Hasen malen die Igeleier an und verkaufen sie als Ostereier.	4		16
Hasen und Igel legen keine Eier, sie sind nämlich Säugetiere.	9		24
Der Osterhase stiehlt Hühnereier, malt sie bunt an und bringt sie dann den Kindern.	17		15
Schnecken sind die Lieblingsspeise aller Hasen, besonders aber der Osterhasen.	5		10
Auch der Igel hat Ohren, die aber viel kleiner als die beim Hasen sind.	19		23

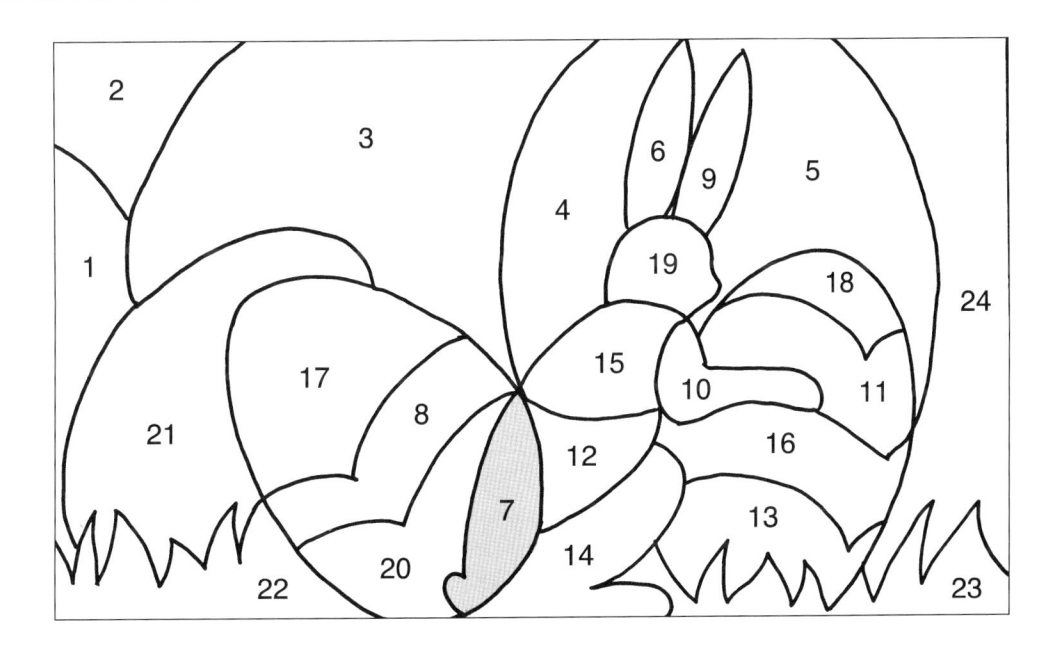

AUSMALEN

Tiere in Haus und Garten* (146 Wörter) – Lösungen 32

	stimmt		stimmt nicht	
Igel können viel schneller laufen als Hasen, aber nur wenn sie Angst haben.		8	X	7
Igel sind nützliche Tiere, die oft im Garten leben.	X	13		1
Bei Gefahr können Igel ihre Stacheln auf ihre Feinde abschießen und dann schnell weglaufen.		3	X	18
Wenn sich ein Igel und eine Schnecke im Garten begegnen, läuft der Igel vor Angst davon.		21	X	11
Viele Schnecken tragen ihr Haus auf dem Rücken, andere tun das aber nicht.	X	6		2
Wenn der Igel Angst hat, rollt er sich zu einer stacheligen Kugel zusammen.	X	12		22
Igel legen Eier, die die Hasen für sie ausbrüten.		20	X	14
Manche Hasen malen die Igeleier an und verkaufen sie als Ostereier.		4	X	16
Hasen und Igel legen keine Eier, sie sind nämlich Säugetiere.	X	9		24
Der Osterhase stiehlt Hühnereier, malt sie bunt an und bringt sie dann den Kindern.		17	X	15
Schnecken sind die Lieblingsspeise aller Hasen, besonders aber der Osterhasen.		5	X	10
Auch der Igel hat Ohren, die aber viel kleiner als die beim Hasen sind.	X	19		23

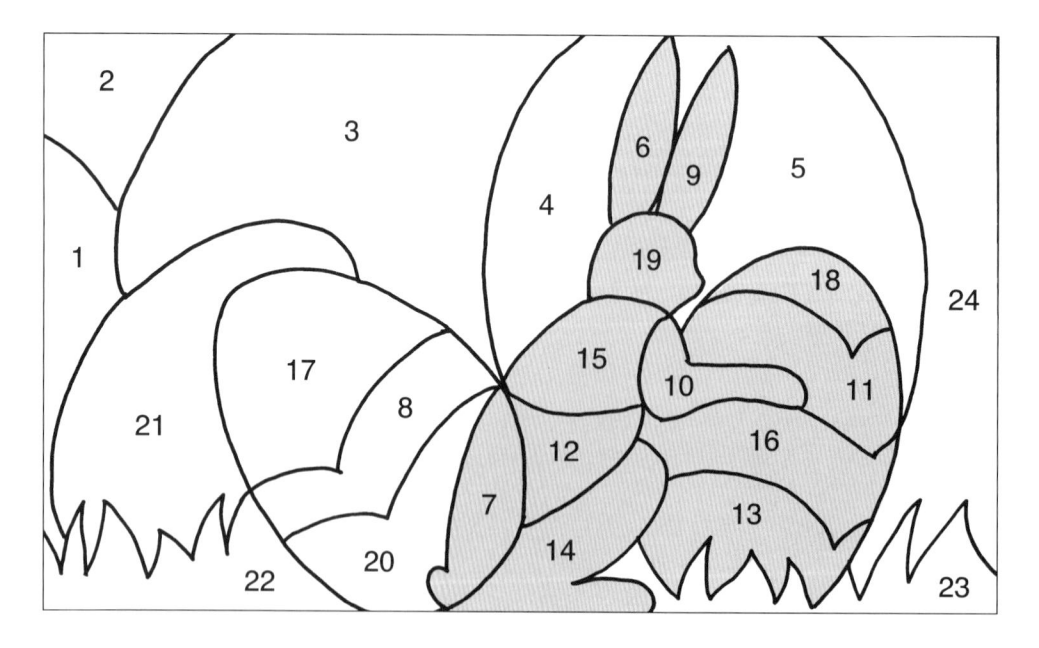

AUSMALEN

Tiere zu Hause (80 Wörter)

Spielregel:
- Wähle aus den beiden Spalten je einen Textbaustein aus, so dass ein sinnvoller Satz entsteht.
- Kennzeichne die zusammen gehörenden Textbausteine mit der gleichen Zahl (in der schmalen Spalte eintragen) oder male sie mit der gleichen Farbe an (Buntstifte).
- Wiederhole dies so lange, bis du alle 9 Sätze gefunden hast.
- **Selbstkontrolle:** In der rechten Spalte bleibt ein Textbaustein übrig. Trage ihn bei „Kontrolle" ein.
- **Tipp:** Vergleiche die Sätze, ob du sinnvollere Kombinationen der Textbausteine findest. Du kannst die Teile auch ausschneiden und richtig aneinanderlegen.

	1. Teil		2. Teil
①	Die schlaue Katze schleicht		hungrig an einer Möhre.
②	Der wütende Hund bellt		nicht über ihre sechs Beine.
③	Der grüne Papagei spricht		einer großen Herde.
④	Der kleine Hase knabbert		weißes Fell mit schwarzen Flecken.
⑤	Das rosa Schwein hat		spuckt gerne Menschen an.
⑥	Das braune Pferd wiehert		die Katze laut an.
⑦	Die große Kuh hat ein		deutlich Wörter nach.
⑧	Das weiße Schaf lebt in		einen kurzen Ringelschwanz.
⑨	Die winzige Ameise stolpert	①	sich an die Maus heran.
			mit dem Sattel auf dem Rücken.

Kontrolle: … _____

Tiere zu Hause (80 Wörter) – Lösungen

	1. Teil		2. Teil
①	Die schlaue Katze schleicht	①	sich an die Maus heran.
②	Der wütende Hund bellt	②	die Katze laut an.
③	Der grüne Papagei spricht	③	deutlich Wörter nach.
④	Der kleine Hase knabbert	④	hungrig an einer Möhre.
⑤	Das rosa Schwein hat	⑤	einen kurzen Ringelschwanz.
⑥	Das braune Pferd wiehert	⑥	mit dem Sattel auf dem Rücken.
⑦	Die große Kuh hat ein	⑦	weißes Fell mit schwarzen Flecken.
⑧	Das weiße Schaf lebt in	⑧	einer großen Herde.
⑨	Die winzige Ameise stolpert	⑨	nicht über ihre sechs Beine.
			spuckt gerne Menschen an.

Kontrolle: … spuckt gerne Menschen an.

Tiere im Wasser* (105 Wörter)

Spielregel:
- Schneide alle Puzzleteile aus.
- Lies die Satzanfänge im Spielplan genau durch.
- Suche jeweils das Puzzleteil mit der Fortsetzung des Satzes und lege es rechts neben den Satzanfang auf den freien Platz.
- **Selbstkontrolle:** Bildfigur.
- **Tipp:** Aufkleben!

Spielplan

Im Wasser leben viele große und kleine Tiere, die dem		Heringe und Dorsche sind beliebte Fische,	
Piranhas sind nicht besonders groß, aber sie		Der Haifisch ist ein großer Raubfisch, der	
Der Wal ist kein Fisch, sondern ein Säugetier,		Langusten und Hummer gelten als Leckereien und werden	
Seesterne leben auf dem Meeresboden,		Aale sind lange Fische, die alles	

Puzzleteile

obwohl er im Wasser lebt.	fressen, z. B. Fische, Würmer, Schnecken, Krebse.	und haben mindestens fünf Arme.	haben sehr spitze Zähne und treten in Massen auf.
sehr gerne von Menschen gegessen.	Menschen gefährlich werden können.	welche die Fischer in großen Mengen fangen.	alles jagt, was er fressen kann.

Tiere im Wasser* (105 Wörter) – Lösungen

Im Wasser leben viele große und kleine Tiere, die dem	Menschen gefährlich werden können.	Heringe und Dorsche sind beliebte Fische,	welche die Fischer in großen Mengen fangen.
Piranhas sind nicht besonders groß, aber sie	haben sehr spitze Zähne und treten in Massen auf.	Der Haifisch ist ein großer Raubfisch, der	alles jagt, was er fressen kann.
Der Wal ist kein Fisch, sondern ein Säugetier,	obwohl er im Wasser lebt.	Langusten und Hummer gelten als Leckereien und werden	sehr gerne von Menschen gegessen.
Seesterne leben auf dem Meeresboden,	und haben mindestens fünf Arme.	Aale sind lange Fische, die alles	fressen, z. B. Fische, Würmer, Schnecken, Krebse.

Wilde Tiere (52 Wörter)

Spielregel:
- Überlege, ob die folgenden Behauptungen richtig oder falsch sind.
- Kreuze deine Antworten in der Tabelle an.
- Suche im Bild unten die Zahlen, bei denen du in der Tabelle ein Kreuz gemacht hast und verbinde die zugehörigen Punkte im Bild.
- **Selbstkontrolle:** Bildfigur.

	richtig		falsch
Leoparden sind grün.	1-4-14	X	4-5-6
Elefanten haben einen Rüssel.	26-27-32		15-18-19
Seehunde können schwimmen.	16-17-18		11-12-14
Schimpansen können sprechen.	4-14-15		32-33-37
Nashörner sind sehr schwere Tiere.	37-39-40		19-20-21
Löwen fressen gerne Fleisch.	6-10-12		27-25-20
Alle Panther haben eine rosa Farbe.	32-40-37		21-22-24
Eisbären kommen aus der Wüste.	37-40-39		40-41-42
Die Tarantel-Spinnen haben acht Beine.	12-13-16		13-14-15
Schlangen können länger als ein Rollschuh werden.	24-25-26		21-22-20
Kamele haben drei Höcker.	39-40-44		18-19-21
Pinguine können fliegen.	43-44-4		42-43-4

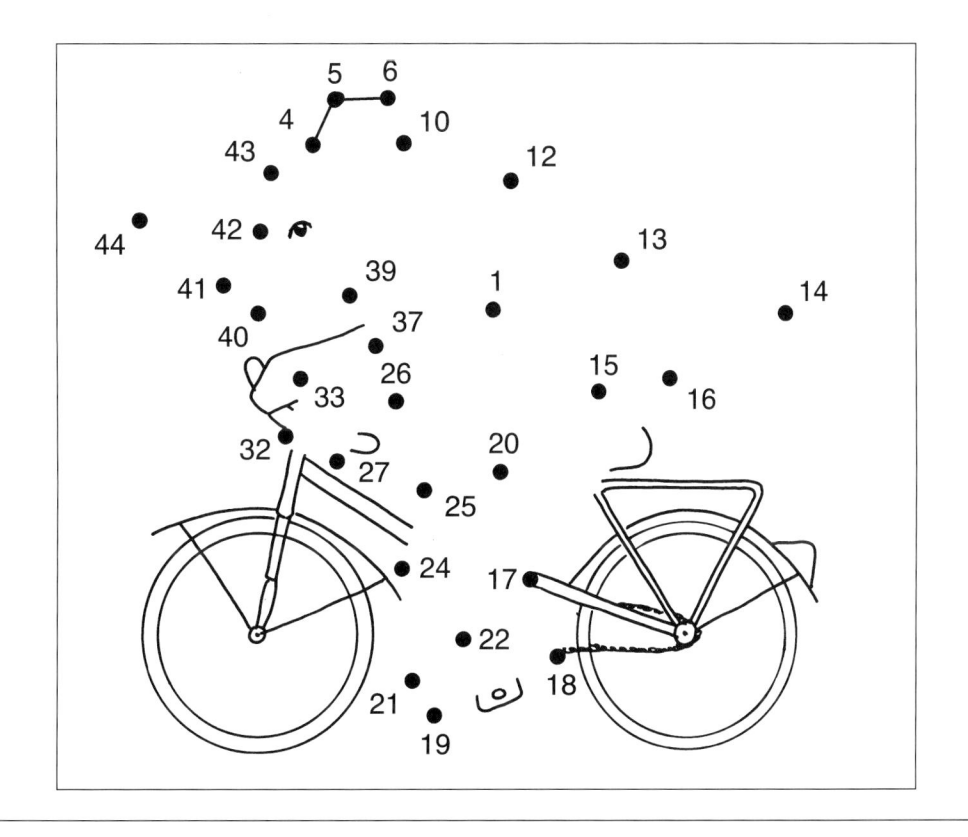

BILDER AUS PUNKTEN

Wilde Tiere (52 Wörter) – Lösungen

	richtig		falsch	
Leoparden sind grün.		1-4-14	X	**4-5-6**
Elefanten haben einen Rüssel.	X	**26-27-32**		15-18-19
Seehunde können schwimmen.	X	**16-17-18**		11-12-14
Schimpansen können sprechen.		4-14-15	X	**32-33-37**
Nashörner sind sehr schwere Tiere.	X	**37-39-40**		19-20-21
Löwen fressen gerne Fleisch.	X	**6-10-12**		27-25-20
Alle Panther haben eine rosa Farbe.		32-40-37	X	**21-22-24**
Eisbären kommen aus der Wüste.		37-40-39	X	**40-41-42**
Die Tarantel-Spinnen haben acht Beine.	X	**12-13-16**		13-14-15
Schlangen können länger als ein Rollschuh werden.	X	**24-25-26**		21-22-20
Kamele haben drei Höcker.		39-40-44	X	**18-19-21**
Pinguine können fliegen.		43-44-4	X	**42-43-4**

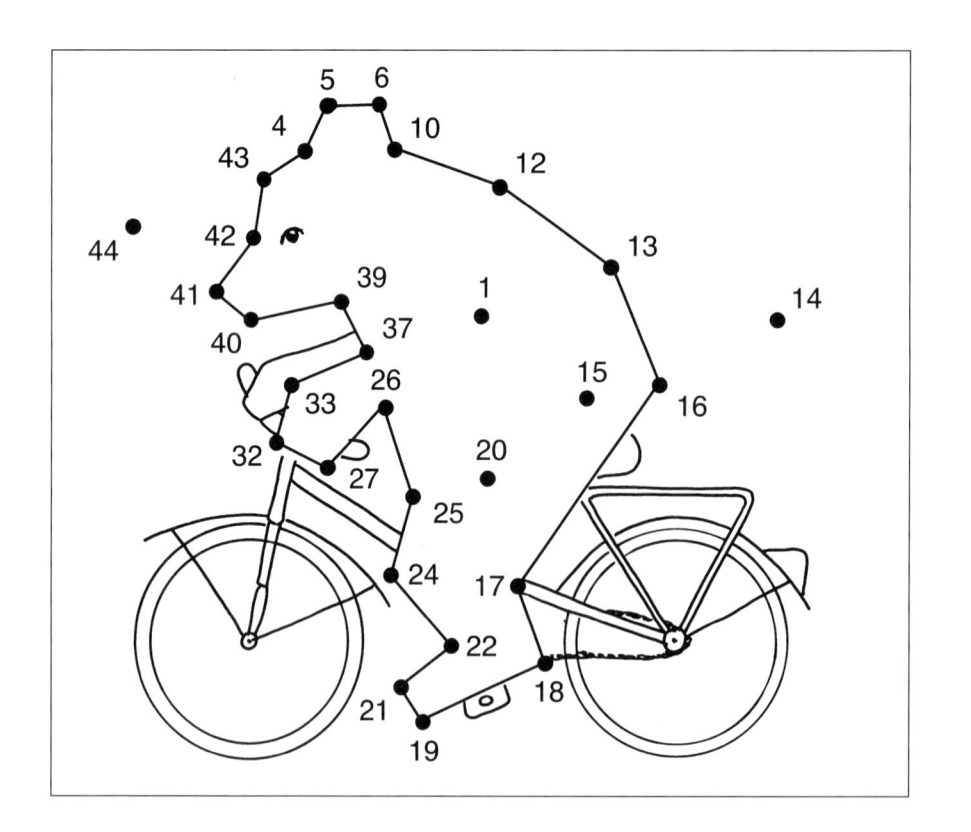

Wilde Tiere* (137 Wörter)

Spielregel:
- In den folgenden Sätzen gibt es immer eine richtige und eine falsche Behauptung mit einer Zahl dahinter.
- Lies die Sätze genau durch, unterstreiche die richtigen Behauptungen und streiche die falschen durch.
- Male im Bild die Felder mit den Zahlen aus, die hinter den richtigen Behauptungen stehen.
- **Selbstkontrolle:** Bildfigur.

1. Löwen jagen ihre Beute im hohen Gras (11) – im Wald (4) oft gemeinsam.
2. Giraffen müssen die Vorderbeine beim Trinken stark spreizen, obwohl sie einen so langen Schwanz (16) – Hals (17) haben.
3. Elefanten holen sich die Blätter (1) – Vögel (14) zum Fressen mit ihrem langen Rüssel aus den Baumkronen oder sie brechen einfach Äste ab.
4. Zebras leben in großen Herden und bleiben aus Sicherheitsgründen immer alleine (13) – in der großen Gruppe zusammen (18).
5. Strauße sind die größten lebenden Säugetiere (9) – Vögel (6), können aber nicht fliegen.
6. Krokodile lauern oft regungslos im Wasser auf ihre Beute, die sie dann meistens fangen, weil sie sehr gut spucken (7) – schwimmen (2) können.
7. Bären gibt es in verschiedenen Farben: weiße Eisbären, braune Grislibären und Schwarzbären (15) – Blaubären (19).
8. Schlangen vergiften ihre Opfer durch einen Biss mit ihrem Giftzahn oder sie erdrosseln sie mit ihrem Körper, indem sie sich mehrfach drum herumschlingen (12) – mit ihrem Gewicht darauf legen (5).

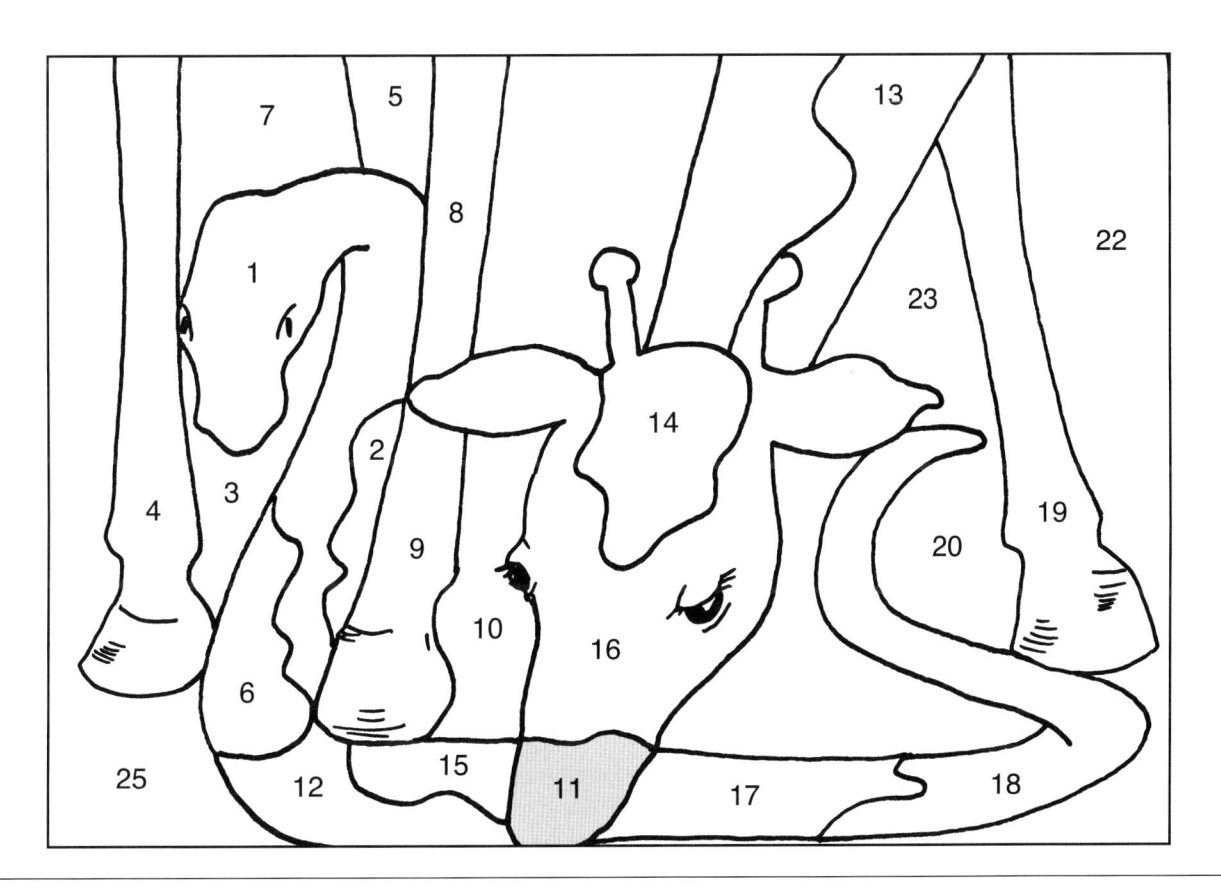

AUSMALEN

Wilde Tiere* (137 Wörter) – Lösungen

1. Löwen jagen ihre Beute im hohen Gras (11) – ~~im Wald (4)~~ oft gemeinsam.
2. Giraffen müssen die Vorderbeine beim Trinken stark spreizen, obwohl sie einen so langen ~~Schwanz (16)~~ – Hals (17) haben.
3. Elefanten holen sich die Blätter (1) – ~~Vögel (14)~~ zum Fressen mit ihrem langen Rüssel aus den Baumkronen oder sie brechen einfach Äste ab.
4. Zebras leben in großen Herden und bleiben aus Sicherheitsgründen immer ~~alleine (13)~~ – in der großen Gruppe zusammen (18).
5. Strauße sind die größten lebenden ~~Säugetiere (9)~~ – Vögel (6), können aber nicht fliegen.
6. Krokodile lauern oft regungslos im Wasser auf ihre Beute, die sie dann meistens fangen, weil sie sehr gut ~~spucken (7)~~ – schwimmen (2) können.
7. Bären gibt es in verschiedenen Farben: weiße Eisbären, braune Grislibären und Schwarzbären (15) – ~~Blaubären (19)~~.
8. Schlangen vergiften ihre Opfer durch einen Biss mit ihrem Giftzahn oder sie erdrosseln sie mit ihrem Körper, indem sie sich mehrfach drum herumschlingen (12) – ~~mit ihrem Gewicht darauf legen (5)~~.

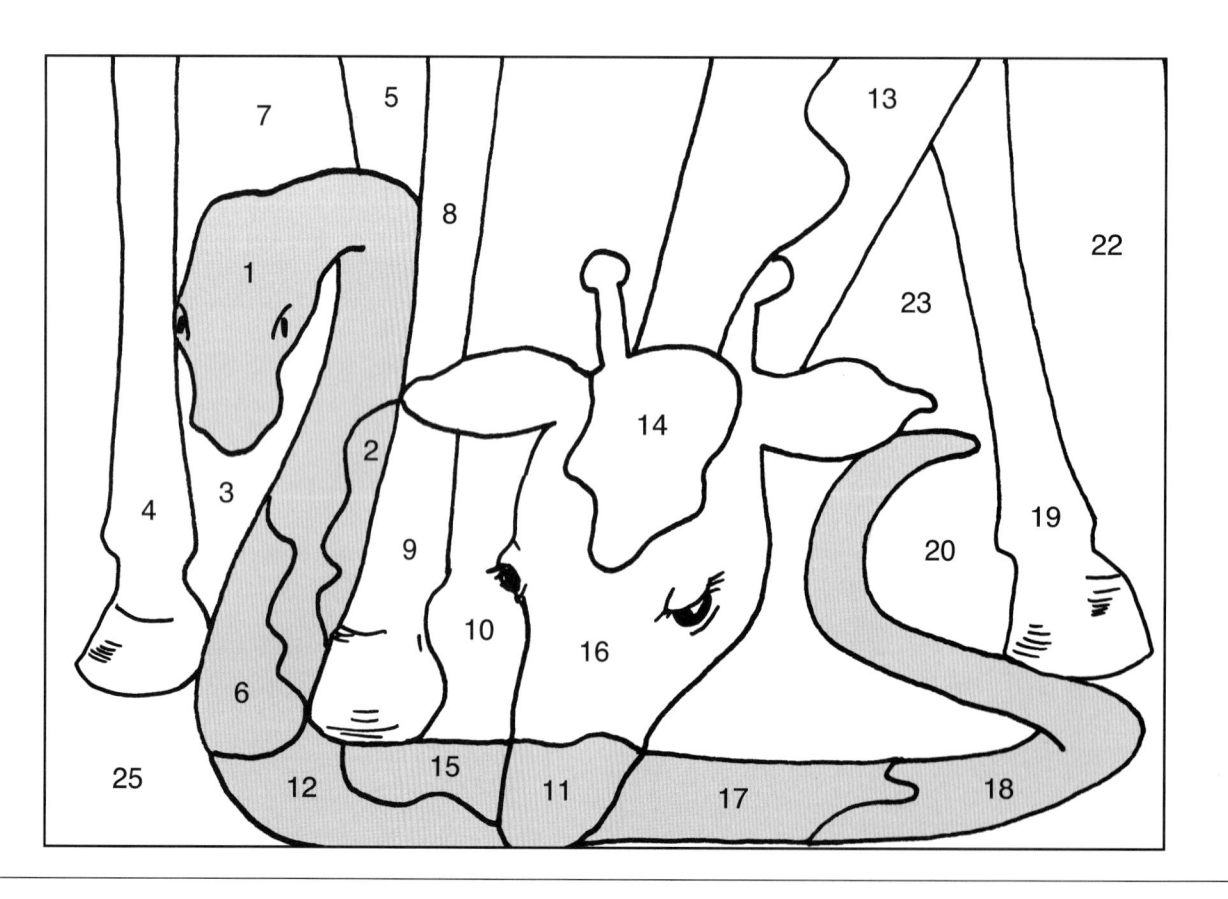

AUSMALEN

Zirkus (84 Wörter)

Spielregel:
- Schneide alle Puzzleteile aus.
- Lies den ersten Satz im Spielplan, errate das passende Wort, und lege das Puzzleteil mit dem dazu passenden Wort auf den freien Platz im Satz.
- Mach es mit den anderen Sätzen ebenso.
- **Selbstkontrolle:** Bildfigur.
- **Tipp:** Aufkleben!

Spielplan

Für den Zirkus wird ein großes	Das Publikum wird vom	Die Manege ist mit
aufgebaut.	begrüßt.	aufgefüllt.
Die Clowns in der Manege spielen sehr	Die Pferde sind gut	Im großen Eisenkäfig laufen die wilden
Auf einem hohen Seil balanciert eine	Der Zauberer zieht ein Kaninchen aus dem	Zum Schluss versammeln sich alle Artisten in der
Die Artisten machen am	Die Elefanten können auf den	Die Tiger können durch einen
Saltos.	gehen.	springen.

Puzzleteile

Manege.	Hut.	Seiltänzerin.
Feuerreifen	Trapez	Löwen.
Sand	Hinterbeinen	lustig.
Zirkusdirektor	Zelt	dressiert.

Zirkus (84 Wörter) – Lösungen

Für den Zirkus wird ein großes	Das Publikum wird vom	Die Manege ist mit
Zelt	Zirkusdirektor	Sand
aufgebaut.	begrüßt.	aufgefüllt.
Die Clowns in der Manege spielen sehr	Die Pferde sind gut	Im großen Eisenkäfig laufen die wilden
lustig.	dressiert.	Löwen.
Auf einem hohen Seil balanciert eine	Der Zauberer zieht ein Kaninchen aus dem	Zum Schluss versammeln sich alle Artisten in der
Seiltänzerin.	Hut.	Manege.
Die Artisten machen am	Die Elefanten können auf den	Die Tiger können durch einen
Trapez	Hinterbeinen	Feuerreifen
Saltos.	gehen.	springen.

Zirkus* (111 Wörter)

Spielregel:
- Lies die Sätze der Reihe nach.
- Entscheide, ob es stimmt oder nicht stimmt, was in den Sätzen steht, und kreuze entsprechend an.
- Notiere die Buchstaben rechts neben den Kreuzchen der Reihe nach von oben nach unten bei „Lösungswort".
- **Selbstkontrolle:** Lösungswort.

Was siehst du oben auf dem Bild?	stimmt		stimmt nicht
Nur ein Kind hat einen Hut auf dem Kopf, das andere nicht.	E	X	A
Marie hat einen Ringelpulli an und hat elf Ringe zu Stefan geworfen.	L		K
Auf dem Boden stehen zehn Keulen und liegen vier Ringe, die erst später gebraucht werden.	R		Z
Marie und Stefan müssen viel geübt haben, da sie fünf Ringe in der Luft halten können.	O		U
Stefan steht auf einem Bein, um das Gleichgewicht halten zu können.	M		B
Du siehst auf dem Bild begeisterte Zuschauer.	Q		A
Die Kostüme der beiden Künstler bestehen aus großen Schlapphüten, Ringelpullis und großen Clown-Schuhen.	T		G
Drei Kinder stehen sich gegenüber und werfen sich Ringe zu.	T		E
Marie und Stefan werfen sich gegenseitig Bälle zu, die sie immer wieder auffangen und zurückwerfen.	V		N

Lösungswort: A _____

GEHEIMSCHRIFT

Zirkus* (111 Wörter) – Lösungen

Was siehst du oben auf dem Bild?	stimmt		stimmt nicht	
Nur ein Kind hat einen Hut auf dem Kopf, das andere nicht.		E	X	A
Marie hat einen Ringelpulli an und hat elf Ringe zu Stefan geworfen.		L	X	K
Auf dem Boden stehen zehn Keulen und liegen vier Ringe, die erst später gebraucht werden.	X	R		Z
Marie und Stefan müssen viel geübt haben, da sie fünf Ringe in der Luft halten können.	X	O		U
Stefan steht auf einem Bein, um das Gleichgewicht halten zu können.		M	X	B
Du siehst auf dem Bild begeisterte Zuschauer.		Q	X	A
Die Kostüme der beiden Künstler bestehen aus großen Schlapphüten, Ringelpullis und großen Clown-Schuhen.	X	T		G
Drei Kinder stehen sich gegenüber und werfen sich Ringe zu.		T	X	E
Marie und Stefan werfen sich gegenseitig Bälle zu, die sie immer wieder auffangen und zurückwerfen.		V	X	N

Lösungswort: AKROBATEN

GEHEIMSCHRIFT

Zoo (90 Wörter)

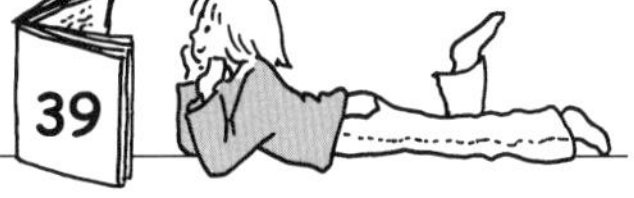

Spielregel:
- In den folgenden Sätzen gibt es immer zwei falsche Wörter und ein richtiges Wort, alle mit einer Zahl dahinter.
- Lies jeden Satz genau durch, streiche die beiden falschen Wörter durch und unterstreiche das richtige Wort.
- Male im Bild die Felder mit den Zahlen aus, die hinter den richtigen Wörtern stehen (Bleistift).
- **Selbstkontrolle:** Bildfigur.

Im Zoo

1. Im Zoo gibt es viele verschiedene Tierarten (1) – Pflanzen (2) – Autos (3).
2. Die meisten Tiere sind in Käfigen (4) – Kisten (5) – Taschen (6) untergebracht.
3. Manche Tiere befinden sich in großen Becken mit Sand (7) – Wasser (8) – Erde (9), wie zum Beispiel Seehunde.
4. Die Löwen (10) – Nashörner (11) – Elefanten (12) haben einen langen Rüssel.
5. Die Flamingos haben lila (13) – rosa (14) – schwarze (15) Federn.
6. Die Krokodile sind gefährlich (16) – ungefährlich (17) – blau (18).
7. Im Wasser schwimmen die Kamele (19) – Tiger (20) – Pinguine (21).
8. Schildkröten (22) – Affen (23) – Fische (24) klettern in den Bäumen.
9. Meerschweinchen (25) – Ponys (26) – Schlangen (27) sind lang und gefährlich.
10. Der größte Vogel ist der Papagei (28) – Strauß (29) – Schwan (30).
11. Die Vogelspinne hat acht (31) – sechs (32) – vier (33) Beine.

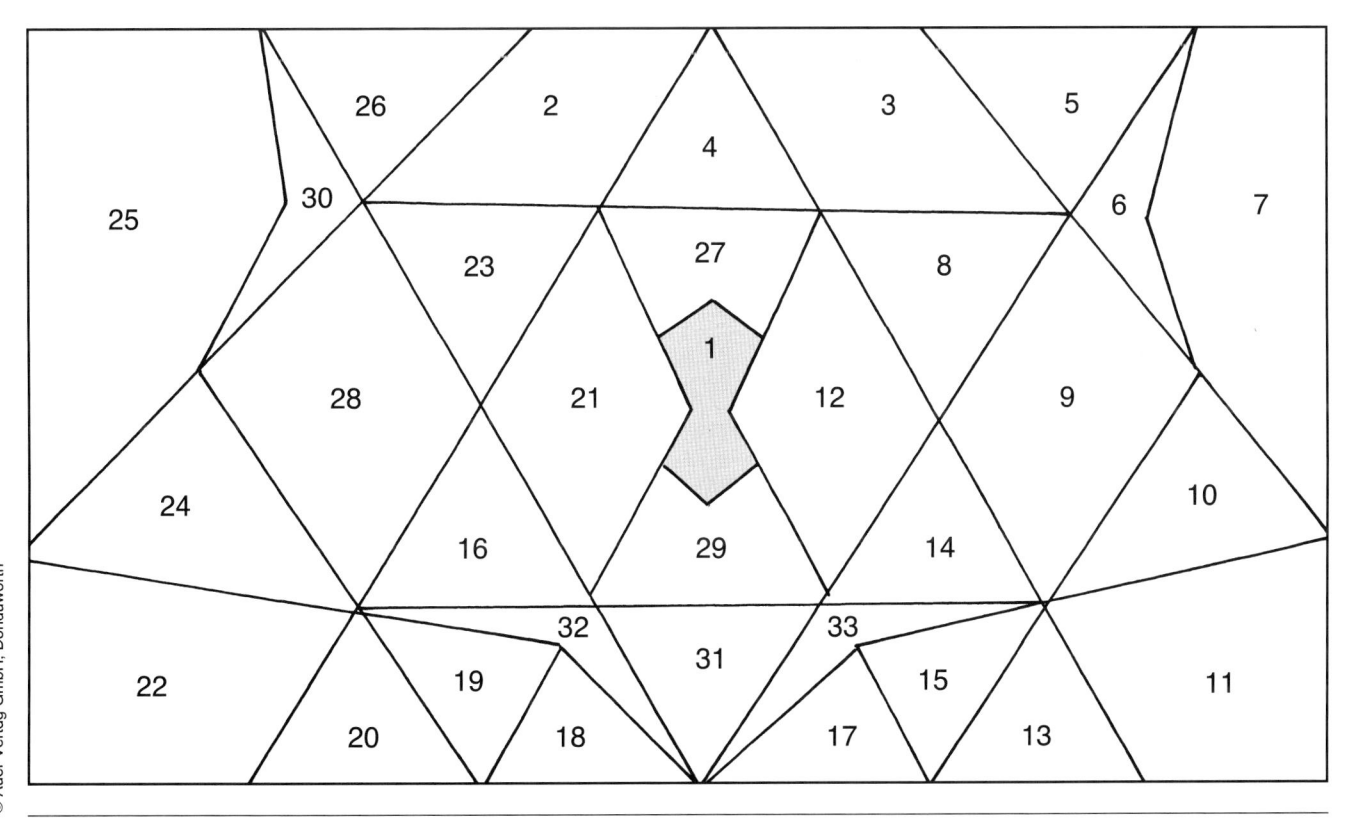

Zoo (90 Wörter) – Lösungen

Im Zoo

1. Im Zoo gibt es viele verschiedene Tierarten (1) – Pflanzen (2) – Autos (3).
2. Die meisten Tiere sind in Käfigen (4) – Kisten (5) – Taschen (6) untergebracht.
3. Manche Tiere befinden sich in großen Becken mit Sand (7) – Wasser (8) – Erde (9), wie zum Beispiel Seehunde.
4. Die Löwen (10) – Nashörner (11) – Elefanten (12) haben einen langen Rüssel.
5. Die Flamingos haben lila (13) – rosa (14) – schwarze (15) Federn.
6. Die Krokodile sind gefährlich (16) – ungefährlich (17) – blau (18).
7. Im Wasser schwimmen die Kamele (19) – Tiger (20) – Pinguine (21).
8. Schildkröten (22) – Affen (23) – Fische (24) klettern in den Bäumen.
9. Meerschweinchen (25) – Ponys (26) – Schlangen (27) sind lang und gefährlich.
10. Der größte Vogel ist der Papagei (28) – Strauß (29) – Schwan (30).
11. Die Vogelspinne hat acht (31) – sechs (32) – vier (33) Beine.

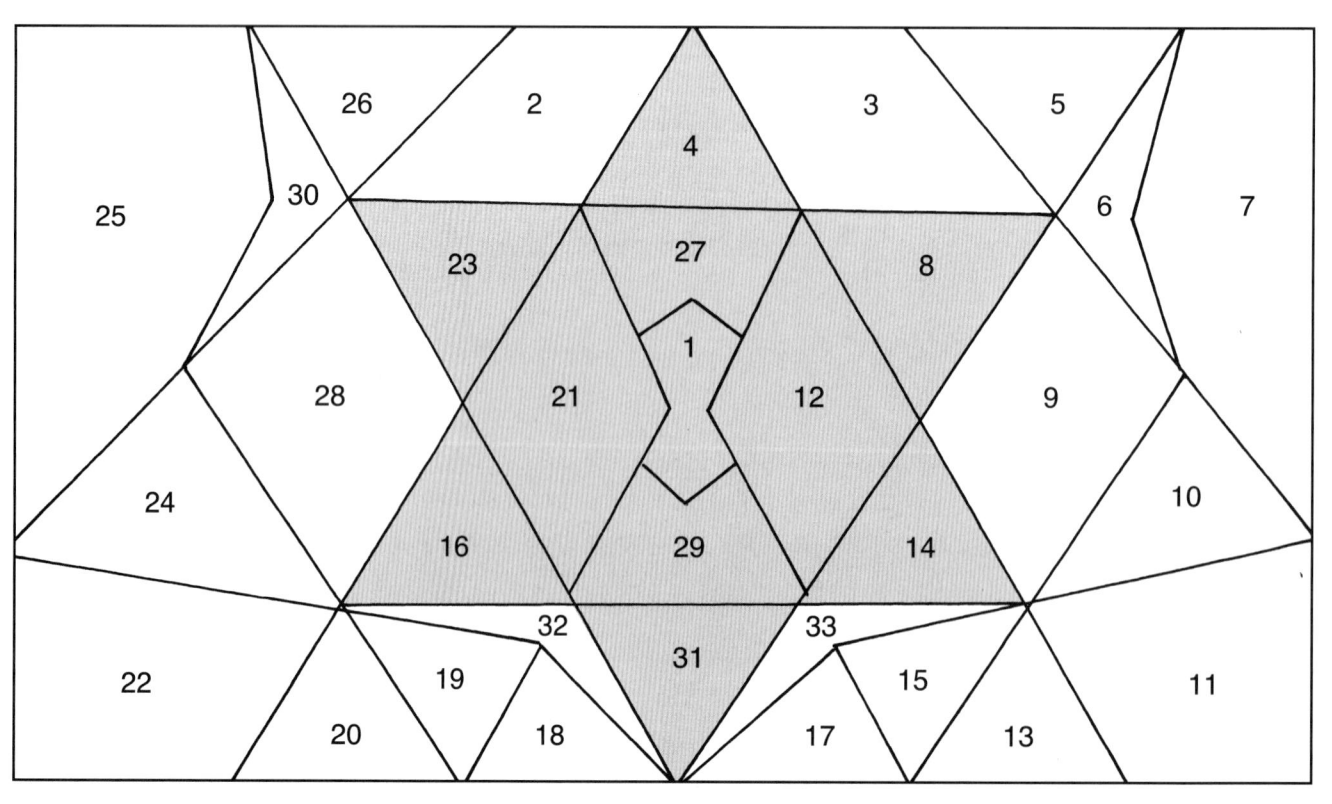

Zoo* (126 Wörter)

die Affen, die Elefanten und für die Seehunde.	Straußesind ebenfalls für viele Besucher interessant.	Die meisten Leute interessieren sich für die Raubtiere,	Ein Zoobesuch lohnt sich nur,	Kamele, Giraffen, Büffel und
Auch das Aquarium, das Gehege mit den Reptilien	Alle anderen Tiere sind aber auch eine Besichtigung wert.	einen Rundgang an möglichst vielen Tierarten vorbei zu machen.	wird gerne von den Besuchern beobachtet.	und die Bären sind besonders interessant.
sie in Freigehegen untergebracht sind.	Man kann die Tiere besonders gut beobachten, wenn	✱ Jede große Stadt hat einen Zoo,	wenn man längere Zeit dort verbringt.	in dem sehr viele Tiere aus aller Welt leben.
Auch die Fütterung der Tiere	und haben viele verschiedene Größen.		Um möglichst viel zu sehen, versucht man	Die Tierarten sind sehr unterschiedlich

Spielregel:
- Schneide alle Dominokärtchen aus.
- Suche das Kärtchen mit dem Stern aus und lies den Text darauf.
- Lege das zum Text passende Kärtchen rechts daneben.
- Dort steht der Beginn des nächsten Satzes.
- Lege immer so weiter, bis alle Kärtchen verbraucht sind.
- **Selbstkontrolle:** Fortlaufendes Bild in der Mitte des Dominostreifens.

(STREIFEN-)DOMINO

Zoo* (126 Wörter) – Lösungen

* Jede große Stadt hat einen Zoo,	in dem sehr viele Tiere aus aller Welt leben.	Man kann die Tiere besonders gut beobachten, wenn	sie in Freigehegen untergebracht sind.	Ein Zoobesuch lohnt sich nur,
wenn man längere Zeit dort verbringt.	Die Tierarten sind sehr unterschiedlich	und haben viele verschiedene Größen.	Auch die Fütterung der Tiere	wird gerne von den Besuchern beobachtet.
Die meisten Leute interessieren sich für die Raubtiere,	die Affen, die Elefanten und für die Seehunde.	Kamele, Giraffen, Büffel und	Strauße sind ebenfalls für viele Besucher interessant.
Um möglichst viel zu sehen, versucht man	einen Rundgang an möglichst vielen Tierarten vorbei zu machen.	Auch das Aquarium, das Gehege mit den Reptilien	und die Bären sind besonders interessant.	Alle anderen Tiere sind aber auch eine Besichtigung wert.

(STREIFEN-)DOMINO

So macht Lesenlernen Freude!

Ursula Lassert

Lesetraining mit spannenden Tiergeschichten
Kopiervorlagen für die Klassen 3 und 4

25 unterhaltsame Sachtexte mit anregenden Arbeitsmaterialien sorgen für einen erfolgreichen Leseunterricht in den Klassen 3 und 4! Neben Sachtexten, die ganz gezielt auf Sprachphänomene eingehen, bietet der Band auch Gedichte und Geschichten, die bei den Kindern die Freude am Lesen wecken und stärken. Sie üben das Textverstehen und lernen genau hinzuhören.

88 S., DIN A4, kart.
▶ Best.-Nr. **4241**

Jörg Krampe / Rolf Mittelmann

Lesespiele
Texte lesen und verstehen
40 Kopiervorlagen

Lustige Geschichten, Rätsel, Sachtexte und Märchen machen neugierig aufs Lesen! Dabei werden die Schüler/-innen auf spielerische Art motiviert, sich die Textinhalte zu erschließen.

40 Kopiervorlagen mit Lösungen zur Förderung des **Textverständnisses** erleichtern die Vorbereitung und Durchführung des Unterrichts. Die illustrierten Kopiervorlagen sind abwechslungsreich durch 8 verschiedene Spielformen und bieten zahlreiche Differenzierungsmöglichkeiten.

88 S., DIN A4, kart.
▶ Best.-Nr. **4601**

Rita Scheuermann

Vom Hören zum Lesen
Phonologische und semantische Grundlagen zur Leseförderung
Mit Kopiervorlagen

Lesen lernen durch Zuhören!
In diesem Buch finden Sie kindgerechte Vorlesegeschichten sowie Hör- und Sprechübungen zu Lauten und typischen Lautgruppen. Die Aufmerksamkeit der Kinder wird dabei nicht nur auf den einzelnen Laut gelenkt, sondern auch auf Laute im Sinnzusammenhang, z. B. durch Übungen zum Hörverständnis. So trainieren die Schüler/-innen Voraussetzungen für das sinnerfassende Lesen auf der lautlichen und inhaltlichen Ebene und kompensieren erfolgreich mögliche Teilleistungsschwächen.

52 S., DIN A4, kart.
▶ Best.-Nr. **4579**

BESTELLCOUPON

Ja, bitte senden Sie mir / uns

_____ Expl. Jörg Krampe/Rolf Mittelmann
Lesespiele — Best.-Nr. **4601**

_____ Expl. Ursula Lassert
Lesetraining mit spannenden Tiergeschichten — Best.-Nr. **4241**

_____ Expl. Rita Scheuermann
Vom Hören zum Lesen — Best.-Nr. **4579**

mit Rechnung zu.

Bequem bestellen direkt bei uns!
Telefon: 01 80 / 5 34 36 17
Fax: 09 06 / 7 31 78
E-Mail: info@auer-verlag.de
Internet: www.auer-verlag.de

Bitte kopieren und einsenden/faxen an:

**Auer Versandbuchhandlung
Postfach 11 52
86601 Donauwörth**

Meine Anschrift lautet:

_____
Name/Vorname

_____
Straße

_____
PLZ/Ort

_____
E-Mail

_____
Datum/Unterschrift

Kopiervorlagen und Materialien für Ihren Unterricht

Tolle Materialien zum Thema Lesen!

Kopiervorlagen und Materialien für Ihren Unterricht

Bernd Wehren
Lesen mit Detektiv Pfiffig
Erstklässler nehmen Bilder und Wörter unter die Lupe

Selbstständig lesen üben in der 1. Klasse – dieser Band macht es möglich! Wiederkehrende Aufgabentypen, ein gleichbleibendes Layout und kindgerechte Themen helfen den Schüler/-innen dabei, Wörter und kurze Texte sinnerfassend zu lesen und zu schreiben. Lösungskarten ermöglichen das selbstständige Arbeiten. Besonders motivierend: der Detektiv-Ausweis und die Urkunde, die sie nach Lösen der „44 Fälle" erhalten.

112 S., DIN A4, kart.
▶ Best.-Nr. **4576**

Edelgard Moers
Lesestrategien fördern
Ein systematisches Training zu verschiedenen Textsorten in der Grundschule
Erzähltexte
Mit Kopiervorlagen

Mit Strategie Lesekompetenz in Verbindung mit dem Schreiben fördern!
Dafür gibt es in diesem Band ein systematisches Training. Auf zahlreichen Kopiervorlagen werden folgende Textsorten mithilfe von Schreibaufgaben unter die Lupe genommen: Märchen, Fabel, Fantasiegeschichte, Sage, Legende, Schwank und Witz. Dabei eignen sich die Schüler/-innen gezielt Lesestrategien an.

140 S., DIN A4, kart.
▶ Best.-Nr. **4578**

Sigrid Bairlein/Christel Butters/Rita Langheinrich/Ilse Stork
Trimm dich fit zum Leseprofi!
Training zur Förderung der Lesekompetenz

Diese Materialsammlung bietet abwechslungsreiche Kopiervorlagen und Ideen zur effektiven, zeitsparenden Gestaltung des Leseunterrichts. Mit dem vielseitigen Material zur Förderung der Lesekompetenz und sinnvollen Spielen und Tipps motivieren Sie Kinder auch außerhalb des Unterrichts zum freiwilligen Lesen. Anhand abwechslungsreicher Übungen verbessern die Schüler/-innen ihre Lesetechnik, trainieren das sinnentnehmende Lesen und lernen diverse Lesestrategien kennen.

128 S., DIN A4, kart.
▶ Best.-Nr. **4253**

Ursula Lassert
Vom systematischen Lesen zum selbstständigen Schreiben
Mit fantastischen Texten zu acht Fabelwesen
Kopiervorlagen für die 3. und 4. Klasse

Lesemotivation – fabelhaft durch Fabelwesen! Mit diesen Geschichten über Nixen, Riesen oder Einhörner erreichen Sie auch die Lesemuffel in Ihrer Klasse. Jedes Kapitel ist gleich aufgebaut und bildet eine in sich geschlossene Einheit: Steckbrief und Zeichnung des Fabelwesens, spannende Geschichte, Aufgaben zum systematischen Lesen sowie zum Wortschatz und zum Schreiben von Aufsätzen.

64 S., DIN A4, kart.
▶ Best.-Nr. **4700**

Auer BESTELLCOUPON Auer

Ja, bitte senden Sie mir / uns

___ Expl. Bernd Wehren
Lesen mit Detektiv Pfiffig   Best.-Nr. **4576**

___ Expl. Edelgard Moers
Lesestrategien fördern   Best.-Nr. **4578**

___ Expl. Sigrid Bairlein/Christel Butters/Rita Langheinrich/Ilse Stork
Vom Hören zum Lesen   Best.-Nr. **4253**

___ Expl. Ursula Lassert
Vom systematischen Lesen zum selbstständigen Schreiben   Best.-Nr. **4700**

mit Rechnung zu.

Bequem bestellen direkt bei uns!
Telefon: 01 80/5 34 36 17
Fax: 09 06/7 31 78
E-Mail: info@auer-verlag.de
Internet: www.auer-verlag.de

Bitte kopieren und einsenden/faxen an:

**Auer Versandbuchhandlung
Postfach 11 52
86601 Donauwörth**

Meine Anschrift lautet:

_____
Name/Vorname

_____
Straße

_____
PLZ/Ort

_____
E-Mail

_____
Datum/Unterschrift